日本史の旅

太宰府天満宮の謎

—菅原道真はなぜ日本人最初の「神」になったのか—

高野 澄

祥伝社黄金文庫

本書は、黄金文庫のために書き下ろされたものです

目次

写真協力 大阪天満宮・北野天満宮・興聖寺
太宰府天満宮・津田秀行・三田天
満神社（敬称略）
編集協力 ㈲ホソヤプランニング
図版協力 日本アートグラファー

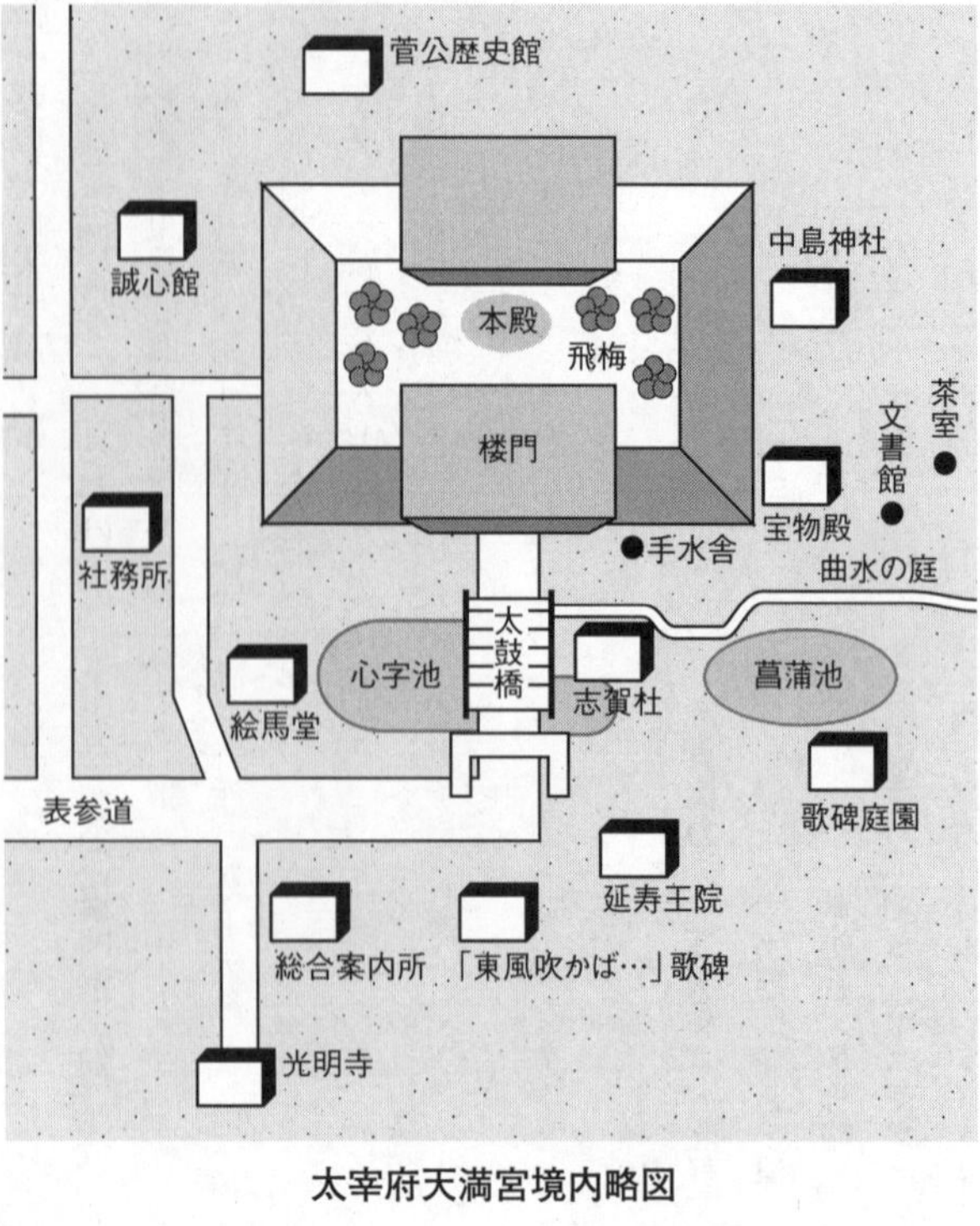
菅公歴史館
誠心館
中島神社
本殿
飛梅
茶室
文書館
楼門
宝物殿
手水舎
曲水の庭
社務所
太鼓橋
心字池
志賀杜
菖蒲池
絵馬堂
表参道
歌碑庭園
延寿王院
総合案内所
「東風吹かば…」歌碑
光明寺

太宰府天満宮境内略図

プロローグ

いざ、太宰府天満宮へ

西鉄大牟田線で「天神」から「天満宮」へ

なるべくは車ではなく、電車で、太宰府《だざいふ》天満宮に参詣《さんけい》していただきたい。福岡の天神《てんじん》にある西鉄福岡駅から大牟田《おおむた》ゆきにのって太宰府天満宮に参詣していただきたい。

そして、電車のなかで、軽い疑問を感じていただきたい。

――天神と天満宮は、おなじことじゃないのかな？

ぜんぶがぜんぶおなじ、というわけでないが、おなじ場合が多い。はやいはなし、京都の北野《きたの》天神は北野天満宮ともいう。「北野の天満宮へゆくには――」「はいはい。北野の天神さんはね――」といった会話も耳にする。

――天満宮を天神とはいうが、天神のすべてが天満宮ではない。

菅原道真《すがわらのみちざね》の神としての名を天満大自在天神《てんまんだいじざいてんじん》といい、これを祭神とする神社が天満宮または天神だ。ではあるが、天満大自在天神は数ある天神のうちの一個にすぎない。天満大自在天神ではない、別の天神を祭神とする神社もたくさんあって、これはもちろん天満宮とはいわない。

西鉄の福岡駅は福岡の天神地区にある。福岡の中心、最大の繁華街である。天満大自在天神を祭神とする水鏡天満宮があるから、地区の名が天神になった。

水鏡天満宮が地名の由来ならば天神といわずに天満宮というのが正しいはずだが――

「ゆうべ天満宮で見たぞ！」

「知るものか、ひとちがい！」なんていうことにもなる――むかしからここは天神であって天満宮とはいわない。

太宰府の天満宮を天神といってかまわないはずだが、こちらはこちらで頑として天満宮であり、天神とはいわない。もちろん太宰府天満宮の祭神は天満大自在天神であり、ほかのなにものでもない。

――祭神はおなじなのに、天神と天満宮と名がちがうのは、どういうわけだ？

古い疑問を整理し、新しい疑問に挑戦しているうちに、四十五分ほどで西鉄太宰府駅につく。

途中、下大利《しもおおり》や都府楼前《とふろうまえ》といった駅を通過する。天満宮と直接の関係があるわけではないが、水城や都府楼を見物しなければ天満宮の歴史の半分しか観《み》たことにならないのを、すぐに悟るはずである。あしたか、あさって、この駅のあたりを散策することになるかもしれないな、ぐらいの気持ちで通過してください。

道真ゆかりの天拝山《てんぱいざん》

大牟田ゆきの電車を二日市《ふつかいち》でおりると、となりのホームに太宰府ゆきが待っている。お急ぎでなければ次の電車にのるとして、南の方角の、標高の高いところに視線をあてて、天拝山《てんぱいざん》をさがしあてていただく。

水城や都府楼とはちがって、菅原道真の生涯、したがって天満大自在天神に直接のつながりのあるのが天拝山だから、是非《ぜひ》ともさがしあててもらわなければならない。

あれが天拝山。

道真はあの天拝山にのぼり、天の神に無実を訴えた。

菅原道真は、朝に夕に天拝山を拝んで辛い生活に耐えしのんだ。あすも天拝山を拝まなければならないと思うのが、こころとからだを励ます技術でもあったろう。

病《やまい》のために、それもできなくなり、生涯を閉じた。

太宰府天満宮は毎日が縁日みたい

二日市駅で大牟田線から太宰府線にのりかえる。女子大学の学生がたくさんのりこんできて、道真さんも派手なことになったものだなあ、などと思ううちに、五条のつぎが終点

観世音寺の戒壇院より天拝山を望む

水鏡天満宮　天満大自在天神（菅原道真）を祭神とする

の太宰府。

太宰府線の駅は三つしかないが、乗客の数は多い。乗客が少ないから廃線にしたいが、地域住民の反対が強いから廃線できず、経営者がもてあましている地方鉄道路線が多いなか、太宰府線の繁栄ぶりは特筆すべきものだろう。

沿線に女子大学ができたことにもよるのだろう。だが、大学設立のそもそもの動機は道真さんに、天満宮にあるにちがいないという予想は、駅を出て右手の参道に足をふみいれた途端に確信にかわる。

参拝者の群れ、というと大袈裟《げさ》にすぎるけれども、ぞろぞろと、さわさわと、絶えることがない。

——天神さんの縁日は道真さんの命日の二十五日。今日は二十五日ではないのに——いやいや、ここは天満宮だから天神さんとは縁日のかぞえかたがちがうのかな。

はやくも混乱におちいる。

参道の両側の土産物《みやげ》の店の、買い手と売り手の熱気が縁日の屋台の店のにぎわいを思わせるのである。縁日の屋台の店はその日かぎりで撤退してしまうのだが、ここ太宰府天満宮では、いわば毎日が縁日であるかのように店をひらき、たくさんの客をむかえているのである。

太宰府天満宮のにぎわいはただごとではない、そういって大袈裟ではない。

梅ヶ枝餅の由来

参道両側の店は喫茶・食事、土産物、その他の店に三分できるが、いちばん印象にのこるのは梅《うめ》ヶ枝餅《えもち》を焼いて売る店である。

参道の梅ヶ枝餅は視覚の刺激にプラスして香りが食欲をそそるから、それだけ余計に刺激が強烈である。

きびしく、貧しい道真の生活にわずかに添えられた色彩、それが、ちかくに住む老婆がとどける餅であった。道真の葬送のとき、老婆がとどけてくれた餅に梅枝をそえて霊柩《れいきゅう》に供えた。これがやがて太宰府天満宮名物の梅ヶ枝餅となり、参拝者に頒布《はんぷ》されるようになったのである。

「お焼き」ともよばれる。糯米《もちごめ》が七、粳《うるち》が三の粉を水で溶かして焼き、なかのアンコは小豆のアンだが、漉《こ》しアンにするか粒アンにするかは店の独自の工夫だという。

数日のあいだはアンコが堅くならないように、だからといってベトベトしないように、これまた工夫がある。熱いうちが美味なのは当然としても、冷えてから、もういちど暖めて美味を回復するように計算してアンコをつくる。

店によって梅ヶ枝餅の味が相違するのを知ること、これが他府県から福岡へ来て住むことになったひとの最低必須の知識であるというはなしを耳にしたことがある。いささか大袈裟であるように思われるが――。

邪悪なものを粉砕する延寿王院

鳥居をくぐって、いよいよ天満宮の境内にはいる。

正面つきあたりに延寿王院《えんじゆおういん》がある。現在は天満宮宮司の西高辻《にしたかつじ》家の屋敷だが、明治維新の廃仏毀釈《はいぶつきしやく》までは天満宮を保護する寺院として延寿王院の名でよばれていた。

そういう知識があって延寿王院の配置をみると、なるほどと納得できる。邪悪なものが天満宮の神聖を犯そうとしても、入口のところに頑張っている延寿王院の威力によって粉砕され、無力化されるという設計思想にもとづいているのだろうな、と。

邪悪でない、ふつうの参拝者は延寿王院につきあたって、ああ、これは天満宮ではないんだとわかり、左に方向を変える。心字池のむこうに天満宮の楼門が見えてくる。

太宰府天満宮櫓門　味酒安行が廟を建て、天満宮安楽寺となった。祭神は菅原道真

太宰府天満宮参道の梅ヶ枝餅を売る土産物店の風景

過去、現在、未来をあらわす太鼓橋

漢字の「心」をデザインした池が心字池、池をわたる橋は太鼓橋。それ自体は珍しいものではないが、手前から過去、現在、未来をあらわす三連構成になっている。

人生そのものというか、世界そのものというか、それを時間の三要素でわりきったところに壮絶がある。

否《いや》でも応《おう》でもおのれを見つめるしかない、という哲理を意識しながらわたる太鼓橋の下の心字池は、おのずから「過去のこころ」「現在のこころ」「未来のこころ」へと変遷してゆく。

さて、このころ、あなたは、まわりの参拝者がイヤホーンを耳の穴に突っこんでいるのに気づくはずだ。微弱なFM電波による太宰府天満宮の案内放送を聴いている。日本語のほかに英語、中国語、韓国語でも放送されているから、便利である。専用のレシーバーは、天満宮の入口の案内所で借用手続きができるはずだ。

太鼓橋をわたって、天満宮の本殿。現在の本殿は天正《てんしょう》十九年（一五九一）に建てられたもので、重要文化財に指定されている。楼門をくぐり、白砂をふみしめて本殿にお参りする。

むかって右の白梅が菅原道真と切っても切れない関係のある「飛梅《とびうめ》」だ。左の紅梅には特別の名称はついていないようだが、濃厚な紅色、樹勢もよろしい。

道真の霊は怨霊ではない

本殿の左奥に、道真の一生を十六の場面に区分けし、人形で表現したジオラマ展示施設の菅公《かんこう》歴史館がある。

歴史館はふるい建築物ではないから、建物そのものに歴史的な意味があるわけではない。しかし、ジオラマ展示は非常に重要な意味を発信している。天満宮に参拝なさる方々すべてに、ぜひとも菅公歴史館を見物していただきたいと願う理由がここにある。

第一場の「梅の花の歌」からはじまり、第十六場の「安楽寺《あんらくじ》」まで、道真は「怨《うら》み」や「祟《たた》り」「復讐《ふくしゅう》」のイメージをまったく発しない。道真の遺骸をはこぶ牛車《ぎっしゃ》が動かなくなった地に安楽寺がたてられ、やがて天満宮とよばれるようになって第十六場「安楽寺」は終わる。霊が京都に飛んでかえって怨霊となり、藤原氏に復讐するという恐怖の神のイメージ予告もされていない。

復讐しない、怨霊ではない、これが太宰府天満宮の天神さんである。

京都の北野天満宮の天神さんをはじめとして、菅原道真というと「怨霊」「復讐」のイメージが強いはずだ。しかし太宰府天満宮の菅公歴史館は、怨霊ではなく、復讐しない天神さんを強烈にアピールしている。

宝物殿に陳列された品々に魅入られると、時間がいくらあっても足りないと思われてきて、焦りを感じることになる。どれか一点に関心を絞るのも智慧《ちえ》のあるやりかたといえる。たとえば、なんともスマートな格好の渡唐天神《ととうてんじん》だけ、じぃーっと観察して記憶に叩《たた》き入れるといったように。

ここで天満宮拝観は終わり、となったとき、多くの方がなんとはない不満、あるいは不安を感じるはずだ。

——なにか、大切なものを見落としたような気がしてならないんだが、なんだろう？

大宰府という役所の跡地である。

巨大な役所だった大宰府

太宰府駅前からバスにのって、歩いてもたいした距離ではないから、梅大路から五条をすぎて御笠《みかさ》川をわたると市役所の前を通る。この通りは政庁通りといい、大宰府の政庁の跡地を通っているから政庁通りの名がついた。案内書によると天満宮から大宰府跡までは約二キロ、三十分。

政庁の跡地の発掘調査がほとんど終わって、そのむかしの威容を彷彿《ほうふつ》とさせる大宰府展示館も完成した。展示館のとなりが政庁跡地の正面だ。

石段をあがって、芝生のまんなかで背伸びして、うしろをふりむく。遠くに見えるのが天拝山、二日市の駅から見たときよりも鮮明な山容になっている。

――菅原道真も、あの天拝山を見たのだなあ！

菅原道真になったつもり――いや、それは事実ではない。道真は、いまあなたが立っている地点に立つことはできなかった。政庁から南へ、御笠川をわたってすこし行くと榎《えのき》社という社《やしろ》がある。そのむかしは南館とよばれる政庁付属の施設であって、ここに道真は幽閉と変わらぬ状態でおしこめられていたのである。

大宰府の政庁と南館の距離はたいしたものではないが、政治的な意味合いをかんがえれば、途方もなく懸《か》け離れている。

道真のおもてむきの肩書は大宰権帥《だざいのごんのそち》、つまり大宰府の最高権力者だが、じっさいには行動の自由のない、流人《るにん》と同様の境遇であった。

そういうわけだから、ここ大宰府政庁の跡地には道真の苦悩や絶望の想いは滲《し》みこんではいないのである。そのことを知るのが大宰府跡の見物の最大の目的になるわけだ。

しかし、跡地に立っての第一声はやはり、

——広いなあ！

これで、よろしい。

広いなあ！　と仰天するところから大宰府の歴史にふみこんでゆく。そうすると、太宰府に配流《はいる》されてきた道真との出合いがあり、道真の苦悩と絶望、死、そして安楽寺——太宰府天満宮の創立へとドラマは進行してゆく。

政庁の手前（東）に観世音寺《かんぜおんじ》の戒壇院《かいだんいん》、観世音寺の梵鐘《ぼんしょう》は国宝の鐘として有名だ。

第一章　道真の左遷の地になぜ太宰府が選ばれたのか

暗く重い気持ちで大宰府を歩く道真

——これが水城《みずき》か。天智《てんじ》天皇がおつくりになられた筑紫《つくし》（九州）の水城。

そのむかし、天智天皇がつくった筑紫の水城の門を暗い気分でくぐるのは菅原道真である。気楽な立場の旅人ならば軽い快感で胸がふくらむところだが、道真の思いは重く暗い。

水城の門をくぐると、苅萱《かるかや》の関所が近い。大宰府の政庁はもうすこし先だが、苅萱の関をぬければ大宰府の圏内といってさしつかえない。

その大宰府は道真を、おもてむきは大宰権帥《だざいのごんのそち》、つまり大宰府の長官代行としてむかえるが、内実は長官どころか、流罪《るざい》人同様に扱うはずだ。宿舎に押しこめられ、幽閉と変わらぬ境遇におかれる。

苅萱の関が近づいてきた。

道真はふりかえって、水城の門を眺める。思いのほかに遠ざかっていた。大宰府、おのれが閉じこめられる配所に、ますます近づいているわけだ。

——いまのうちなら、まだ——。

まにあうかもしれぬと思ったのは、願望と錯覚がかさなった幻影にすぎない。道真の前

水城跡（国特別史跡） 664年、大宰府防衛のために築かれた施設

水城跡 東西２ヵ所に城門を設けた

後左右を役人たちがとりかこみ、警固に油断はない。無言のうちに、さあ、早くと道真を急《せ》きたてる。

苅萱の関をくぐった。

もはや、これまで。

苅萱の関を反対側にぬける日はやってこないだろう。京の都の屋敷にのこした梅の木を撫《な》でる日も、やってこないと覚悟しなければならない。

――あれが――。

「西都」とも「大君遠朝廷《おおきみのとおのみかど》」ともよばれる大宰府の唐名は「都督府《ととくふ》」である。都督府の高殿が「都府楼《とふろう》」とよばれて、いわば大宰府を象徴する名称になっている。都府楼の屋根の瓦《かわら》の、屹立《きつりつ》してあたりを睥睨《へいげい》する威容が視野にはいってきた。

あれが都府楼の瓦ならば、そのまたむこうに「西の戒壇院《かいだんいん》」とよばれて仏教界の権威となっている観世音寺《かんぜおんじ》の戒壇院が見え、観世音寺の鐘の音も――。

――おお。観世音寺の鐘が鳴っている。わたくしを哀れんで迎えてくれる、いかにも荘厳な、観音のお声の代わりの鐘の音だ。

京都に激震が走った〝左遷人事〟

延喜《えんぎ》元年（九〇一）正月二十五日、京都で激烈な政変がおこった。従二位・右大臣として時めいていた菅原道真にたいし、「大宰権帥に任ずる」との醍醐《だいご》天皇の宣命《せんみょう》がくだったのである。

朝廷の最高の官職は太政《だじょう》大臣だが、これには「則闕《そっけつ》の官」の別称があるように、適当な人材がいなければ欠員のままでさしつかえないとされていた。それだけ格別な役職なのである。太政大臣がいないのが平常時、いるのが非常時である、という見方もある。寛《かん》平《びょう》三年（八九一）に藤原基経《ふじわらのもとつね》が亡くなったあとは太政大臣は任命されなかった。

ふつうは左大臣が最高で、右大臣がそのつぎである。大臣としては同等だが、左が右よりも上位とされる。菅原道真は昌泰《しょうたい》二年（八九九）に右大臣になり、延喜元年正月七日に正三位から従二位へ昇進した。その月の二十五日に大宰権帥への降等《こうとう》人事が発表される。

九州の九ヵ国と壱岐《いき》、対馬《つしま》あわせて十一ヵ国を統括支配し、外国交渉を担当する機関が大宰府、その大宰府の長官が大宰帥、長官代行が権帥である。大宰帥は従三位の相当職と規定されているから、権帥は従三位または正四位の相当職ということになる。

大宰帥も権帥もなかなか高い官職ではあるが、なんといっても大臣からの転落である。

京都の政界では政変同様のことだと大騒ぎになった。

道真を左遷したおもてむきの理由は宣命《せんみよう》にしめされている。格の低い家の出身ながら抜擢《ばってき》されて昇進した恩を忘れ、満足せず、横暴にふるまい、宇多《うだ》上皇に媚《こ》び諂《へつら》って醍醐天皇を廃し、斉世《ときよ》親王を天皇に擁立しようと陰謀をめぐらせたのが罪であると断じている。

道真の娘が斉世親王の内室であった。そこで道真は醍醐天皇を廃して斉世親王を天皇におしあげ、おのれはまず天皇の舅《しゆうと》に、あわよくば皇子の外祖父におさまろうとした――世間がこのように解釈するように仕向けた筋書きであったらしい。道真の娘が斉世親王の内室になっていたのは事実だ。

道真のライバルが藤原時平《ときひら》であった。昌泰二年二月十四日、時平が左大臣に、道真が右大臣になり、二年後の正月七日、やはりおなじ日に時平と道真は従二位になった。巨大派閥の藤原氏の氏長者は当然のように摂政、関白に就任する。時平はその藤原氏の長者として左大臣になった。いずれ摂政や関白になるのは確実とみられている。

道真と時平《ときひら》――宿命の対立は宇多《うだ》天皇の即位ではじまった

正義にのっとった政治をおこなう、それが高官としての道真の心境であった。正直であり、儒学の教えをゆるがすことは思いもよらなかった。

だが、政治の世界に必須《ひっす》の権謀術数《けんぼうじゅっすう》の手腕となると、これは藤原時平《ふじわらのときひら》には敵《かな》うべくもなかった。つまり、敗北は予想されていたともいえるのだが、ならば、政界遊泳の手段と能力に劣る道真が、なぜ、右大臣で従二位の高位高官になったのか、これを検討してみる必要が出てくる。

こたえを先にいっておこう。宇多《うだ》天皇の即位がいささか異常であった。それが道真の登用と急速出世につながり、藤原時平との、深刻な権力闘争の原因になった。

仁和《にんな》三年（八八七）、光孝《こうこう》天皇の病が重態になったとわかった。天皇の信任があつい太政大臣で摂政の藤原基経《もとつね》は、天皇の内心を忖度《そんたく》して第七皇子の定省《さだみ》親王を皇太子とした。光孝天皇はまもなく亡くなり、皇太子の定省親王が皇位についた。宇多天皇である。

宇多天皇即位の、どこに問題があったのかというと、定省親王は臣籍に降下して源《みなもと》の姓を名のっていたのだ。血のつながりからいえば皇族なのだが、形式を重視すれば皇族ではなくて臣下である。

臣下からふたたび皇族にもどるのが禁じられているわけではないから、定省親王は皇族となり、皇太子の地位を経過して皇位についた。ただし、実質的な最高権力者の摂政の基経が行使しなければ、実現しえないことではあった。

天皇は基経にたいし、特別な感謝の意をつたえる機会を待っていた。即位式のあとで天皇は「すべての用件は太政大臣に関《かか》り白《もう》して処理せよ」との詔書をあたえた。この詔書を起草したのは参議で文章博士《もんじようはかせ》の橘広相《たちばなのひろみ》である。

「関り白す」とは関白のことである。だからこれは基経を関白に任じることを意味した詔書であったわけだ。最高の執政者が「関り白す」のは従来のしきたりだが、それを天皇が正式に任じたところにこの詔書の重大な意味があった。

基経は辞表を提出した。しきたりに基《もと》づいた辞退であり、本心からではない。二度、三度の辞退のあとに拝受するのがしきたりだ。

天皇は橘広相に命じ、再度の、意味はほとんどおなじの詔書を発した。ただ、そのなかの「よろしく阿衡《あこう》の任をもって卿《けい》の任となすべし」の文言が紛争の発端となったのである。

阿衡云々《うんぬん》の語があるのを知った藤原佐世《ふじわらのすけよ》が基経に助言した。

「阿衡とは高位の別名だが、特定の職掌を意味するわけではない。主上（天皇）は、あなたが太政大臣と摂政《せつしよう》を辞することを、暗に望んでおられるのではないか」

佐世の意見に同調した基経は、抵抗の姿勢を表明するために政務を放棄した。政務放棄によって、自分の存在の重いことを天皇に悟《さと》らせようという計画である。こうした基経の態度の背後には、橘広相と藤原佐世の争いがからんでいたのはまちがいない。

朝廷は阿衡問題をめぐって混乱し、政務の停滞はなかなか解消しなかった。天皇が、朕《ちん》の意を橘広相が誤解して文章としたのであるとして基経の翻意《ほんい》をもとめたが、基経は応じない。天皇の詔書を取り消すわけにいかないのが障害となっていた。

一年ちかい時間をかけて、事態はようやく解決した。

両者が、とくに基経が翻意して怒りをおさめた理由は判然とはしないが、基経の娘が宇多天皇の女御《にょうご》として入内《じゅだい》するのがきまったのと、菅原道真が呈した意見書が基経の怒りを和らげたのではないかとの推察が有力である。

（坂本太郎『菅原道真』）

出世のきっかけとなった道真の意見書

道真はこのとき、讃岐守《さぬきのかみ》として赴任していた。従五位上で讃岐守、四十四歳。

阿衡問題に関係して意見書を呈するのは讃岐守の任務のうちにふくまれてはいない。基経にたいして私的な立場から意見をもうしたのだから任務云々《うんぬん》はおおげさではあるが、つまり、知らぬ顔をしてもさしつかえはない。

だが、道真は意見書を基経に提出した。基経の翻意は道真の意見に影響されただけではなかろうが、効果はあったのだ。

京都が阿衡問題で沸騰《ふっとう》していると知った道真は、在京の島田忠臣《ただおみ》を通じて、京都の詩友の奮起をうながす気持ちをつたえた。島田忠臣は妻の宣来子《のぶきこ》の父である。

詩友、学友が奮起して基経を翻意させられればよしと思っていたのだろうが、しるしがない。たまらなくなって、道真は讃岐（香川県）から京都に出てきた。そして意見書を書いて基経に呈した。揚《あ》げ足《あし》取りのようなことで橘広相に責任を負わせるのは、われら学者仲間は承服できない。また、広相に罪ありとするのは藤原基経が先祖の名を汚すことになるとして批判し、翻意を勧告した。

基経は翻意して、阿衡問題はおさまった。

雨ふって地かたまる——宇多天皇の政治は順調にはじまった。

道真の讃岐守の任期はすぎたが、つぎに任命されたのは地方官ではなく、京官の蔵人《くろうど》頭《のとう》であった。地方官と京官では、官人としての次元が異《こと》なるのである。

寛平《かんぴょう》三年（八九一）二月に蔵人頭、三月に式部少輔《しきぶしょう》、四月に左中弁《さちゅうべん》を兼ねるというふうに出世の階段をのぼり、寛平五年二月に参議になった。参議は卿の身分であり、公とあわせて公卿《くぎょう》とよばれる。公卿は官人の最高の階層である。

道真は讃岐守であった。

ということは、このあとはいくつかの国守《くにのかみ》を歴任し、そのまま隠退してゆく宿命の家柄であったということだ。

それがそうならず、参議になったのは菅原家の者としては異例の出世を遂げたことになる。意見書を呈して藤原基経を翻意させた、あのことを宇多天皇が高く評価したからにほかならない。

家柄に応じた出世ではなく、異例のかたちで即位した宇多天皇による、異例のかたちの抜擢《ばってき》の恵みにあずかったのが道真である。

藤原基経が生きているあいだは、道真の異例の出世を問題とする声は低かった。

基経は寛平三年に亡くなった。長子の時平は二十一歳の若年、左大臣の源《みなもとのとおる》融と大納言の藤原良世《よしよ》はともに七十歳代の高齢である。

宇多天皇は思いのままの政治を展開できる時宜《じぎ》が到来したと判断し、いよいよ道真を高く用いるようになる。

遣唐使の廃止に大役をはたす

寛平《かんぴょう》二年に讃岐守《さぬきのかみ》の任期がおわり、三年二月に蔵人頭《くろうどのとう》、三月に式部少輔《しきぶしょう》、四月に左中弁を兼ね、五年二月に参議に列した。参議は「卿」と称される位置であり、大臣の「公」とあわせて公卿だ。その後も式部大輔、勘解由《かげゆ》長官、春宮亮《とうぐうのすけ》に任じられてゆく。

寛平六年には、遣唐使《けんとうし》を廃止する建議をして採用されたという、歴史上で有名な治績をのこすことになる。

日本文化の発展のうえで唐《とう》——中国文化の影響が多大であったのはいうまでもない。だが、九世紀もなかばとなると唐の国力の疲弊《ひへい》ははなはだしい。唐の文化が日本に根づいてひさしいこともあり、政界の一部では遣唐使を廃止する件がうかびつつあった。

寛平五年、在唐の僧の中瓘《ちゅうかん》から、唐の国威の衰退《すいたい》と航路の危険をかさねて理由として、遣唐使の中止を検討なさるべしと通告してきたのである。

太政官は中瓘にたいし、遣唐使の廃止は朝議では決定しているが、じっさいに中止するまでには手間も時間もかかる、左様に了承してくれと回答した。

中瓘にたいする太政官の回答の文書は、じつをいうと道真が執筆した。だから道真は、遣唐使を中止することが宇多天皇の政策の柱となったのを知っている。知っているどころか、その旨《むね》を在唐の日本僧に知らせる文書の執筆までしていたのである。

だが、ひともあろうに、その道真を遣唐大使に任命することが決定された。副使は紀長谷雄《きのはせお》である。六年の八月のことだ。前回の遣唐使派遣から五十六年もの時間が経過している。

そして九月、遣唐大使の道真は公卿の会議にさいして、遣唐使を廃止してはどうかとの案件を議題として提出した。討議の結果、道真の提案どおりに遣唐使は中止されることに決したのだ。

中止されるのを知っていながら遣唐大使に就任する道真は奇妙に見えるが、もちろん、裏がある。天皇の信任が篤《あつ》い道真を大使に任命し、そのあとで、ほかならぬ大使自身の口から「廃止」を提案してもらう。こうすることが、遣唐使を廃止するのにもっとも現実的であったのだ。いいかえると、こういう奇手を使わなければ遣唐使を廃止するには困難がともなうのであった。

遣唐使は廃止され、道真が宇多天皇の政権の第一人者であるのはあきらかになった。くりかえすが、藤原時平はまだ若く、道真には対抗しえない。

栄誉の日々

その後の官位の昇進は速度を増す。

侍従を兼ね、近江守《おうみのかみ》を兼ね、中納言に任じられ、従三位に叙された。父も祖父も三位にはなったが中納言には手がとどかなかった。道真は父祖を超えたのである。

やがて春宮権大夫《とうぐうごんのたいふ》になり、皇太子敦仁《あつぎみ》親王を傅育《ふいく》することになった。皇太子の命令によって、一日に詩を十点つくって献じる離れ業に挑戦し、成功して皇太子から褒《ほ》められた。

寛平九年（八九七）、道真と藤原時平がならんで正三位に叙された。いよいよ時平の登場といった感じであるが、道真は先代天皇の女御《にょうご》の藤原穏子《ふじわらのおんし》が中宮《ちゅうぐう》となった、その中宮大夫を兼ねることになった。依然として時平とのあいだに差は開いている。

寛平九年、宇多天皇が譲位して醍醐《だいご》天皇が即位した。醍醐天皇が皇太子のときに春宮権大夫をつとめたのは道真である、前途はますます明るい。

昌泰《しょうたい》二年（八九九）三月、道真の妻の島田宣来子《のぶきこ》が五十歳になったのを賀せられて従五位下に叙された。藤原如道《ふじわらのゆきみち》が勅使となって道真の東五条の屋敷に従五位の位記をつたえた。道真の長女の衍子《えんし》は宇多上皇の女御になっていたが、その関係で、宇多上皇も藤原如道とともに東五条の道真邸に行幸したのである。

道真はまさに栄誉の絶頂にあった。

だが、それからちょうど二年、道真は大宰権帥《だざいのごんのそち》へ左遷させられる。

藤原氏が脅威を感じた「菅家廊下」

菅原氏は新興勢力である。道真の曾祖父《そうそふ》の古人のころから学問を家の職として精進し、祖父の清公《きよぎみ》は文章《もんじょう》博士になり、遣唐判官《けんとうのじょう》をつとめた。父の是善《これよし》も文章博士から参議、式部大輔をつとめた。高位の公家を公卿という。公は大臣、卿は大納言と中納言、参議、三位以上をいい、あわせて公卿である。

菅原是善が公卿に列したことで、当然ながら既成の巨大勢力の藤原氏と新興の菅原氏の対立・拮抗《きっこう》は激しさを増すのである。

是善のあとが道真で、三十三歳で文章博士になった。地方官の讃岐守《さぬきのかみ》をつとめたあと、参議となって遣唐使の中止を提案し、ついに中止にこぎつけた。宮廷政治家としての器量もなかなかのところをしめしている。

道真は私的な学塾をひらいていた。「菅家廊下《かんけろうか》」とよばれるのが、それである。学問によって出世の道をひらこうと志《こころざ》した若者は道真の塾の門をたたき、道真の後押しをうけて官僚の世界にはいってゆく。

官僚の世界のなかで「菅家廊下」出身者の占める割合が増加してきたこと、これが時平をして道真の排斥《はいせき》を決意した、最大の衝動であったろう。

内裏にはいるのを阻止された宇多上皇

道真が大宰権帥《だざいのごんのそち》に任じられた——ありえないはずのことをきいた宇多《うだ》上皇は、いそいでかけつけてきて内裏《だいり》にはいろうとしたが、守衛に阻止《そし》された。わが子の醍醐《だいご》天皇に、道真を左遷する理由を問いただし、できれば左遷人事そのものを取り消したいと計画していたのだろうが、内裏にはいって醍醐天皇や時平に会うことさえ拒否されたのである。

道真が大宰府めざして京都を発《た》ったのは二月一日である。正月の末に、道真の子や同調者あわせて十三人にたいする左遷の処置が発表された。道真の子の菅原高視《たかみ》は大学頭《だいがくのかみ》から土佐介、景行《かげゆき》は式部丞《しきぶのじょう》から駿河権介に落とされ、淳茂《あつしげ》は文章得業生《もんじょうとくぎょうしょう》から播磨《はりま》国へ流罪された。斉世《ときよ》親王は仁和寺《にんなじ》で出家した。

これであきらかなように、延喜《えんぎ》元年（九〇一）正月に京都でおこったのは菅原道真個人にたいする処罰ではなく、道真をふくめた勢力をまとめて追放した政変であった。

菅原道真の追放、流罪——太宰府天満宮の物語はこうしてはじまる。物語の、はじまりの、そのまたはじまりは「大宰府は太宰府ではない」という、一見して奇妙なテーマで幕がひらく。

大宰府と太宰府の違い

太宰府は大宰府ではない——こういう言い方をすると、「知ったかぶりをするなよ」とか、「奇を衒《てら》うのは、よせ」とお叱《しか》りをうけるおそれがある。

だが、大宰府や太宰府天満宮のことを知るには、大宰府と太宰府との区別をはっきりする習慣を是非ともつけていただかなくてはならない。大宰府と太宰府の相違に気づいて、ああでもない、こうでもないと追跡していくうちに、大宰府と太宰府天満宮の歴史や性格が突然はっきりとしてくる。

そこで、さて、大宰府と太宰府は、どこがどう違うのか——？

字が違うのです。

よーく見てください、大宰府と太宰府――「大」と「太」の相違は一目瞭然です。

どこが、どう違うのか――格別にむずかしいことでもない。

大宰府――官庁の名称である。

古代から中世にかけて、九州と壱岐《いき》・対馬《つしま》の行政、朝鮮半島や大陸との外交や貿易の二面の政治を管轄した役所が筑紫《つくし》に配置されていた。筑紫の「那の津《なのつ》」、いまの博多（福岡市）の南部の海岸に役所があったようだ。大和朝廷が管轄する港湾施設だったとかんがえればいい。

いつごろからか、はっきりはしないが、その役所は「大宰府」と呼ばれた。「大宰」とは百官の長の尊称だから、「大宰府」の名称には最高位の役人が任命されている最重要官庁といった格別の意味がこめられている。「最高最大のお役所」といった意味でもある。

日本政府のお役所には役割、担当を意味する名称がついていて、名称をみれば役所の役割がわかる仕組みになっている。「大蔵省」といえば「大きな蔵」であり、政府の財産や金銭を収納、支出する役所だと理解できる。「外務省」といえば外交をする役所だとわかり、誤解はない。

ところが、「大宰府」という名称では、どんな公務を担当する役所なのか、見当がつかない。「大宰府」が「最高位の高官の勤務する重要な役所」という意味しかもっていないからだ。

しかし、当時はもちろん、大宰府がどこにあって、なにを担当する役所なのか、説明の必要はない。九州と壱岐、対馬の二島の行政、そして大陸との外交貿易を担当する役所であるのは明白であった。

名称はそれでいいとして、大宰府は不思議なというか、特異なというか、ともかく変わった性質の役所であった。

宮殿とよぶのがふさわしい役所だった

律令《りつりょう》ができて地方制度が整備され、国の境界や名称が確定した。都から派遣された国《くにの》守《かみ》が国司の長として国々を支配するしきたりになった。

九州の場合、九ヵ国と壱岐《いき》、対馬《つしま》をあわせて十一ヵ国の行政を担当するのはそれぞれの国司（国守）のはずである。たとえば薩摩《さつま》国なら、天皇から任命された薩摩守が赴任して薩摩の行政を担当することになっていた。そのほかの十ヵ国にそれぞれ国司があって、個別に行政をおこなう原則になっていた。

九州の各国に国司があるのに、さらに、その上部機関としての筑紫の大宰府があるのはおかしいではないか？

この疑問にたいしては、国司の任務とされていない国家の外交や貿易をおこなうために大宰府が必要だったのだという解釈がある。有力な解釈だが、これだけでは説明がつかない問題がある。大宰府の跡地の発掘調査がすすんだ結果、大宰府の建物が巨大であった事実がわかってきたのだ。

——外交と貿易の担当役所なら、こんな巨大な建物は不要なはず。

こういう疑問がわいてくる。

大宰府の政庁の敷地は長方形で、七万三千八百二十八平方メートルが築地塀《ついじべい》でかこまれていた。外交や貿易を管轄する役所というにはあまりにも広大、巨大であり、建物は堅固かつ華麗なのである。

——役所よりは、宮殿とよぶのが適当なのではないか。

大宰府をふくむ、もっと広い地域を「大宰府がある区域」の意味で「太宰府」と表記したらしい。大宰府には宮殿と見紛《みまが》うばかりの政庁や役所の建物があるだけだが、大宰府の南にひらけた区域には大宰府につとめる官人や周辺住民の生活の場があって、太宰府と表記して区別した。

菅原道真を祭神とする天満宮は太宰府にある。だから「太宰府天満宮」と書くのが正しくて、「大宰府天満宮」はまちがっているというわけだ。市長さんは「太宰府市長」、西鉄の「太宰府線」の終着駅は「西鉄太宰府」だが、政庁前の三叉路は「大宰府政庁跡」である。

水の城――水城《みずき》がつくられた理由

大宰府の役割や歴史を知るには、水城《みずき》の遺跡の見物からはじめるのが効果的だ。西鉄の大牟田線の「下大利《しもおおり》」か、ＪＲ鹿児島本線「水城」で下車すると手近なところに「水城跡」の案内が見えるはずだ。

水城とは土を高くもりあげて築いた防衛用の堤防である。九州縦貫自動車道や県道112号線も水城を分断していて、痛ましい光景とはなっているが、水城とは何かを理解できるだけの遺構は保存されている。

ここに水城が築かれたいきさつは、つぎのとおりである。

七世紀のなかごろ、朝鮮半島の南部の百済《くだら》王国は北方の新羅《しらぎ》に圧迫されていた。大和朝廷は数度にわたって百済を援助したが、新羅の勢力は増強に増強をつづけ、南下の勢いは強くなる。そればかりか、新羅の背後の強大な唐《とう》王朝の直接の圧力をもうけることになった。

天智《てんじ》天皇二年（六六三）八月、唐王朝の水軍と日本の水軍は半島の白村江《はくすきのえ》（「はくそんこう」とも）の河口で対決し、はげしく争い、日本の敗北というかたちで終戦をむかえた。四世紀の末からつづいていた半島における日本の権益は、白村江の敗戦によって消滅した。

白村江の敗戦は半島における日本の権益の消滅だけではなく、勝ちに乗じた唐の水軍が攻めてくるのではないかという不安を発生させた。

そうなると、博多（那《な》の津《つ》）の海岸にあった旧来の大宰府では防ぎきれない不安が生じてきた。

そこで、まず大宰府を博多の奥の四王寺《しおうじ》山の麓《ふもと》に移し、大宰府と博多とのあいだに防壁を設け、防壁の線で敵を追い返そうという戦略がうまれた。博多と新しい大宰府とのあい

大宰府政庁跡　律令制下、筑前国に置かれた地方特別官庁の跡

平安京にならった都・都府楼跡より四王寺山を望む

だに構築された、横に長い防壁がすなわち水城なのである。

長さは約一・二キロメートル、幅は八十メートル、高さは十メートルをこえる巨大な水城が、こういう事情で出現した。

堤防の博多側に幅六十メートルほどの濠《ほり》が掘られ、水を満たして敵の進軍を阻《はば》む構造になっていた、だから水城の名がついたのだという伝承が古くから語られていた。

一・二キロメートルにわたって六十メートル幅の濠を掘るのは大工事である、当時の技術と財政では無理だったのではないかと疑う意見も強かったが、発掘の結果、文字どおりの「水の城――水城」であったことが判明したのである。

九州と壱岐、対馬を統轄的に支配する大宰府というと威厳に満ちた感じであり、「頼りになる」といった印象だが、新設のころには「頼りになる」どころか、唐の水軍が攻めてくれば簡単に踏み越えられてしまうのではないかと戦々恐々《せんせんきょうきょう》の想いで見られていた。

ともかくも、白村江の敗戦のあと、天智天皇が精力をかたむけて建設したのが四王寺山の麓の新しい大宰府であり、その大宰府を外国の軍隊から守る防壁の水城であった。

外国の使臣も、都の役人も、まず博多で上陸し、水城のなかほどに設けられた門で入国ならぬ入府の審査をうけ、こわごわと、しかし、「西の都」とよばれるからにはどんなに賑《にぎ》わっているのだろうかと胸をおどらせ、一歩また一歩と政庁へ向かっていった。

菅原道真も、京都からやってきて博多で上陸、このルートをたどって大宰府にはいったのである。ただし、道真の身分というか資格というか、それは晴れがましいものとはまったく無縁の、罪人同様の悲惨な立場であったのだ。だから、水城をくぐって大宰府の政庁にちかづくにつれ、一歩また一歩と、道真の足取りは重くなり、地面に貼りつくような気分であったにちがいない。

道真が「左遷」されたのはまちがいではないが――

菅原道真は右大臣から大宰権帥に左遷された。左遷とはいうものの、流罪《るざい》と同様の厳罰をうけたのである。

だから道真は悲劇の主人公となった。都にもどることもかなわず、宿舎の大宰府南館で恨みに満ちた生涯をおわった。

菅原道真を祭神とし、天満宮や天神と名のつく神社は万をもって数えられるそうだ。それほど多くの天満宮、天神のそもそものはじまりが道真の恨みであった。

となると、権帥への左遷が恨みの源になったとかんがえなければならないわけだが、大宰権帥という役職はそれほど低い役職ではないのである。大宰府は九州全体を統轄支配する役所だから、長官代行の権帥の地位が低いはずはない。

もしも大宰権帥の役職の権威が低いものであったならば、太宰府天満宮は今日のような威勢をもてなかったはずである。道真が亡くなったあと、大宰府の官人たちがありとあらゆる協力を惜しまなかったからこそ太宰府天満宮は創立され、年とともに隆盛をきわめたのだ。

――大宰権帥へ左遷！

――ああ、菅原道真はなんという悲運を背負って生まれたのか！

この点にだけ焦点をあてていると、太宰府天満宮の隆盛の謎《なぞ》は解けない。

平常時の最高の官職は左大臣、つぎが右大臣、そのまたつぎが内大臣で、太政大臣と左右の大臣をあわせて「三公」とよぶしきたりもあった。

大臣は正二位、従二位の相当官である。その下に大納言、中納言、参議、大弁、中弁、少弁、少納言とつづき、相当する位も下がってゆく。大臣は定員一人だが、大納言から下は複数が任命されるしきたりだ。

朝廷のナンバー2から大宰権帥になったのはたしかに左遷だが、そうかといって、大宰権帥もなかなかの高官なのだ。大宰帥や大宰権帥がどれくらいの程度の高官なのか、ちょっと面倒だが、このころの官制を参照してかんがえてみよう。

けっして低い身分ではなかった「大宰権帥《だざいのごんのそち》」

太政大臣、左右大臣、大中の納言は朝廷の太政官のなかの役職である。太政官は現在の日本政府の官制とおなじ、一個の省庁である。だが、太政官という言葉がしめしているように、いわば「官のなかの官」といった格別の位置をしめている。ほかの省庁は神祇官《じんぎかん》――神事、宮内省――皇室関係、近衛府――警護というように職務の中身が役所の名称に表現されているけれども、太政官はそうではない。「太政官は太政を職務とする役所である」と説明されても、なんのことやら、かえってわからなくなる。

そこで――

――ああ。それはきっと大宰府の職掌と関係があるんじゃないかかな。太政官の名称からは職掌がわからない、それとおなじく、大宰府の名称からは大宰府の職掌はわからない。ということは、つまり中央の太政官と地方の大宰府とは相似形の関係にあるのだ、というような――。

そのとおりである。

太政官は「官のなかの官」である、格別である。それとおなじように大宰府も格別であった。大宰府は九州と壱岐《いき》、対馬《つしま》を管轄するから地方官に分類されるけれども、大宰府の役人たちは「われらは薩摩守《さつまのかみ》や豊後守《ぶんごのかみ》などの地方官の上部機関である、たんなる地方官と同列に扱うのは誤りである」と抗議するだろう。

これまた、そのとおりなのである。

大納言が正三位相当、その下が従三位相当の中納言であり、それと同列にあるのが従三位相当の大宰帥なのである。

道真は権帥として左遷された。大宰帥が長官で権帥が次官なのかというと、そうではない。権とは「仮り」の意味だから、「仮りの帥」であり、現代の官庁用語でいうと「大宰府の長官たる帥の代行」ということになる。大宰府の次官は「大宰大弐《だざいのだいに》」であり、帥や権帥よりランクが下である。

大臣は定員一名だけれども、納言は定員が複数だから単純には計算できない。仮に大納言五名、中納言五名だとすると大宰帥はナンバー1の左大臣からかぞえて九番から十三番のあいだに位置していることになる。

薩摩守や三河守《みかわのかみ》などの長官―国守《こくしゅ》を一括して地方官というが、国にも「大国」「上国」「中国」「下国」の四ランクがあるので国守にもランクの差が生じる。大和《やまと》、河内《かわち》、伊勢、武蔵《むさし》などが大国だが、大国の長官の守《かみ》は従五位上に相当し、太政官の役職に比較すると少弁の下、少納言の上にあたる。

たいした役ではないというと地方官の怒りを買うだろうが、大宰帥や権帥にくらべるとはるかに下級の役職の印象はいなめないのである。

右大臣から大宰権帥への左遷、それはたしかに残酷な扱いではあったが、大宰権帥という役職の高さをかんがえると残酷、無道というだけではすまないものがある。

――重い罰をくだして当然のところだが、これまでの功績を勘案して高い役職につけてやるのだ。恨《うら》んではならぬ。

政敵の藤原時平や藤原一門を恨むことさえ禁止された。そこに、大宰権帥へ左遷した深い意味があったと思われる。

後継問題を道真だけに相談した宇多天皇

大宰府という役所、大宰権帥という役職は非常に高かった。この事実を前提にして、つぎの問題をかんがえよう。

ナンバー1の藤原時平とナンバー2の菅原道真は激しい政争をくりひろげ、時平が勝って道真が敗れた。政争は生臭く、深刻であった。

たとえば、寛平《かんぴょう》九年（八九七）の宇多天皇の譲位の問題がある。天皇は三十一歳の壮年であり、健康であったから譲位しなければならぬ理由がわからない。ところが天皇は譲位して、皇太子の敦仁《あつぎみ》親王が践祚《せんそ》して醍醐《だいご》天皇となった。

宇多天皇から醍醐天皇にあてて政治上のこころがまえを説いた書があり、「寛平御遺誡《かんぴょうのごゆいかい》」とよばれている。そのなかに、「あなたの立太子の件は道真に相談して決定したのだ」といった意味が書かれている。敦仁親王を皇太子とする件では、守らねばならない秘密があった。だから天皇は道真ひとりだけに相談して、決行したというのである。

これは、おかしい。

このとき道真は参議になったばかり、先輩で上席の参議として左大臣の源融《みなもとのとおる》、右大臣の藤原良世《よしよ》、大納言源能有《よしあり》と光《ひかる》、中納言の藤原時平など錚々《そうそう》たる顔ぶれがひかえている。にもかかわらず天皇は道真だけに相談したのだという。

敦仁親王は九歳、母は藤原高藤《たかふじ》の娘の胤子《いんし》である。敦仁親王の弟に、橘広相《たちばなのひろみ》の娘の

菅原氏略系図

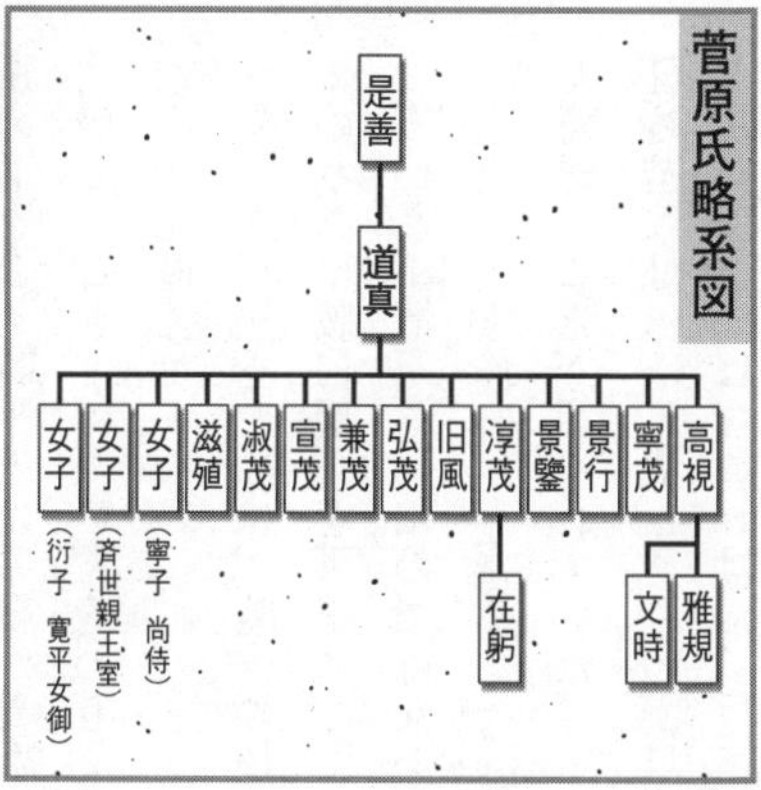

藤原氏北家略系図

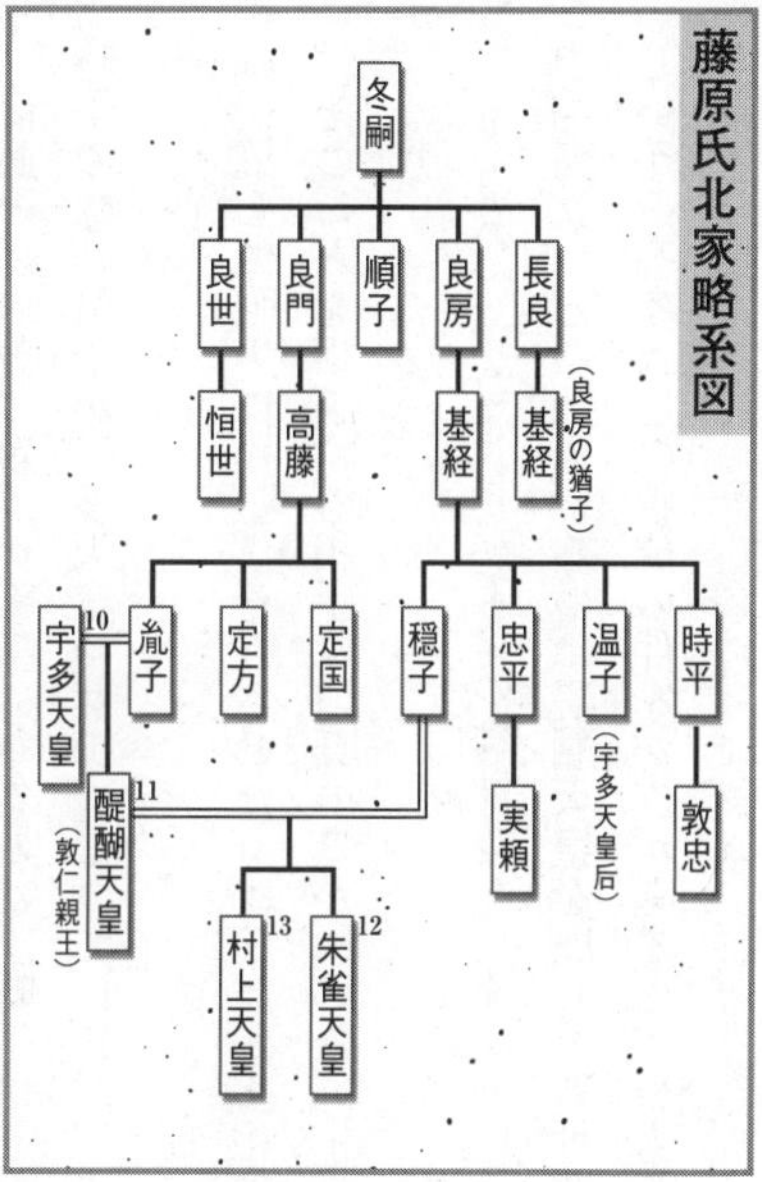

橘氏略系図

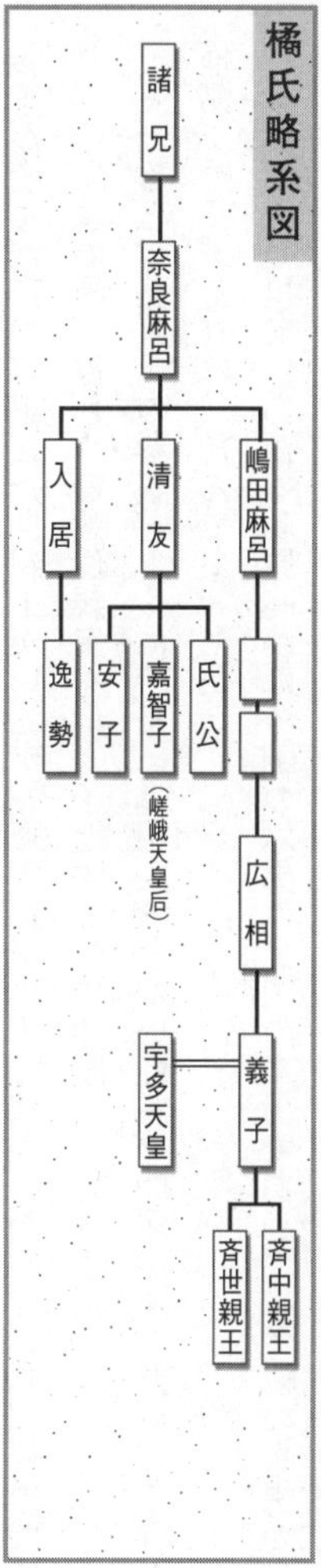

義子が産んだ斉中《ときなか》親王と斉世《ときよ》親王がいるが、斉中親王はすでに亡くなっている。長男であり、藤原家の娘を母とする敦仁親王を皇太子とするのに問題はないはずだ。

となると、藤原氏の参議、とくに時平には相談できない性質の問題があったのだろうと推測がつく。それは、なんであったか？

敦仁親王の祖父にあたる藤原高藤は冬嗣《ふゆつぐ》の六男の良門《よしかど》の二男であって、冬嗣の次男の良房の血をひく時平とは系統が異なる。高藤の孫の敦仁親王が天皇になるのは、時平にとって嬉《うれ》しいことではない。そのうえ、時平の妹の温子《おんし》が宇多天皇の女御《にょうご》になっているが、まだ皇子を産んでいない。

温子が皇子を産めば、時平の権勢は一躍して強大になる。そうさせたくはないから、いまのうちに敦仁親王を天皇にしたい。そのことを相談する相手は道真のほかにいない――こういう事情があったのではないか。

道真を大宰権帥に左遷する宣命《せんみょう》に「天皇の廃立をくわだてたのはけしからん」といった意味のことが書かれていた。ここで「廃立」といっているのは醍醐天皇を廃して斉世親王を立てようとした、という意味らしいが、宇多天皇の譲位の件をかんがえると、根も葉もないことではないわけだ。

天皇の譲位、新しい天皇の登場といった重大至極の件で道真に先を越された時平は「いつかは、かならず」と復讐《ふくしゅう》の機会を狙っていたのである。

高官の流罪を待っていた大宰府

勝者の時平《ときひら》が敗者の道真を処罰するのは当然である、当然だから右大臣の要職から大宰権帥へ左遷し、都から追放したわけだ。

だが、勝者の時平としては、これはあまりにも寛大な処罰ではなかったのかという疑問が出てくるのである。

このころ、公卿《くぎょう》でも庶民でも死刑はおこなわれなかった。だから死刑は問題外だけれども、左遷という名目などつけずに、道真を無位無官の真っ裸にして流罪《るざい》する手もあった。左遷の名目をつけざるをえないのであれば、佐渡や伊豆、あるいは奥州などの辺境の下級役人とする手もあった。

時平は、なぜ、そうしなかったのか？

大宰府が道真の左遷されてくるのを待っているからだ。道真を大宰府の長官代行として左遷しなければ、大宰府が承知しないからである。奇妙な解釈と思われるかもしれないけれども、これが真相だった。

——われわれが勤務する大宰府は別格の役所である！

大宰府の官人たちには、この思いが強烈である。ナニナニノ守といった地方官ではないにもかかわらず、都ではなくて地方の筑紫《つくし》に役所が設置されているという屈辱感があり、それが都にたいする、あるいは太政官にたいする裏返しの反撥《はんぱつ》になる。

——予算や人事の面で大切に扱ってくれなければ、われわれにも覚悟があるぞ！

意気さかんなところを見せておきたい。都の役人、とくに太政官の連中に軽蔑《けいべつ》されてたまるものかという気分が強い。

都の官僚、太政官の役人もそういう事情は痛感している。もとより、大宰府の役人を痛めつける気はないのである。

——あなたがたは筑紫の役所に配属されているけれども、地方官とは身分も立場もちがうのです。そのことはよーく承知していますよ。

という認識を通じておくためにも予算はたっぷりと配分してやりたい。こういう政策を実施したいという要求があがってきたら、なるべくは実現させてやりたい。官僚の世界が身内意識でかたまっているのは、いまもむかしも変わらない。大宰府の役人たちの希望をかなえてやれば、いつかは都の役人たちの利益になる。

大宰府と都の役人の関係はこういうものである。ここに、朝廷のナンバー2、右大臣の菅原道真が政争に敗れて失脚、左遷される異常な事態がおこったのだ。

――ナンバー2ともあろう高位のお方が左遷されるのである。大君遠朝廷《おおきみのとおのみかど》、大宰府こそ前《さきの》右大臣の配流されるべき地として最適な場所である。ほかの土地にお移しするなどというなら、黙ってはおらん！

大宰府の気分が都の役人たちにつたわり、そのあとはいわゆる阿吽《あうん》の呼吸ということになって――

「表向きは大宰権帥への転任だが、内実は謀叛《むほん》の疑いによって配流される菅原道真、うけいれてもらえるかな？」

「表向きや内実が、どうであってもかまわないのです。前右大臣という途方もない高位のお方がやってこられる、それだけで大宰府としては嬉しいのです」

といった次第で、前右大臣の菅原道真は大宰府の権帥として赴任してきた。

「藤原吉野の件を前例にして執行せよ」

菅原道真が右大臣から大宰権帥に左遷されたのは延喜元年（九〇一）正月二十五日である。道真は五十七歳。従二位に昇進したのが正月七日だから、二十日たらずのうちに栄誉の絶頂と墜落《ついらく》とを経験させられたわけだ。

左遷の宣告書には「前の員外帥の藤原吉野の件を前例にして執行せよ」という趣旨が書かれていた。

承和《じょうわ》九年（八四二）、皇太子の恒貞《つねさだ》親王が廃され、仁明《にんみょう》天皇と藤原順子《じゅんし》のあいだに生まれた道康《みちやす》親王が皇太子に立った。のちの文徳《もんとく》天皇である。恒貞親王の側近の伴健岑《とものこわみね》（帯刀舎人《たちはきのとねり》）、橘逸勢《はやなり》（但馬権守《たじまのごんのかみ》）、藤原吉野（中納言）など六十人あまりが流刑の厳罰に処せられた。伴健岑や橘逸勢などが謀叛人と断定され、恒貞親王も責任を問われたわけだ。この事件を「承和の変」という。

「承和の変」のときに、藤原吉野が大宰府の員外帥に左遷された。これを前例として道真に大宰府左遷の命令がくだったのだから、道真の罪名も謀叛であったことが推察される。

ただし、道真がほんとうに謀叛を企てたのか、どうか、真相を追求するのは無駄というものだ。一族で政権を独占しようとする藤原氏と、それを阻止しようとする中小の諸勢力が争い、中小勢力の側が敗北した。菅原道真は敗北の側の一員であった。

道真の娘が宇多天皇の第三皇子の斉世親王の寵姫《ちょうき》であった。この事実があるから、道真にかけられた謀叛の容疑はリアル、かつ濃厚になってしまうのである。

いつの世にあっても、謀叛云々《うんぬん》は勝者が敗者におしつける都合のいいレッテルにすぎない。

二月一日に道真は京都を発して筑紫《つくし》にむかった。自宅の紅梅殿を出るとき、庭先に咲いた梅の花を見て涙ぐみ、痛切な思いをこめて詠《よ》んだというのが有名な「東風《こち》ふかば……」の歌である。

　東風ふかば　匂いおこせよ　梅の花
　　あるじなしとて　春な　忘れそ

解釈の必要はない。道真といえば、だれでも、すぐに「東風ふかば……」と口ずさまずにはいられない。

梅にはじまり梅におわった生涯

日本ではそのむかし、桜はありふれた樹木であった。むかしはヤマザクラが主体で、開葉と開花が同時、これほど多量の花を一気に咲かせるのは桜のほかにはなかったそうだ。多量で、ありふれていて、おしつけがましいほどに印象が強烈である。それが桜の値打ちだった。

梅は、そうではない。

梅は日本の原産ではなく、中国から輸入されたものだ。そのうえ、勝手に繁殖してゆくものではなく、人間が栽培してやらなければ育たないのである。

栽培樹木であるということ、それが梅と人間の関係を濃厚なものにした。桓武《かんむ》天皇が平安京の南殿に植えたという伝承、それがそもそも梅の木の政治性を物語っている。

経済的にも政治的にも余裕がなければ、梅を栽培して楽しみ、薬品として服用し、食品として味わうのは不可能だ。ならば、梅を栽培する最適任者は天皇だということになる。天皇以外の人間が梅を栽培するのは天皇の真似《まね》をすることなのだ。

菅原道真は幼少のころから梅に興味をもっていた。詩の作品にも梅をテーマにした作品が多い。道真の詩人としての人生はわずか十一歳ではじまった。「月夜に梅花を見る」と題した作品が詩人道真のかがやかしい出発を記録したのである。(『菅家文草《かんけぶんそう》』。訓《よ》みは川口久雄氏による。以下同)

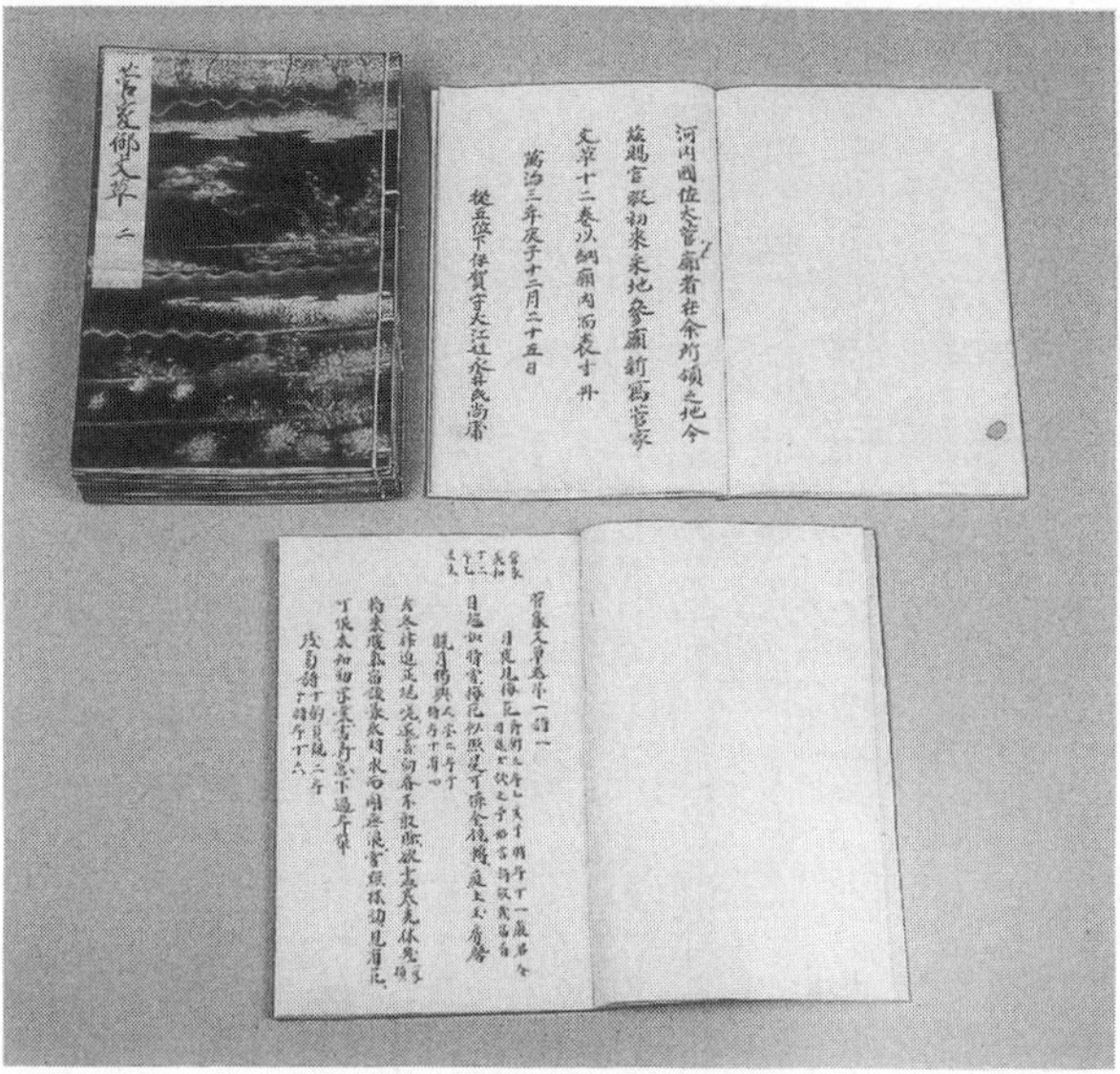

菅原道真の漢詩文集『菅家文草』

月の耀くは晴れたる雪の如し
梅花は照れる星に似たり
憐れぶべし　金鏡の轉《かいろ》ぎて
庭上に玉房の馨《かを》れることを

梅花を星の光に見立てたのは利発な少年にふさわしいといえる。だが、このころ、梅花はありふれた花ではないこと、桓武天皇が紫宸殿《ししんでん》の前に橘《たちばな》と対をなすものとして植えた梅を頂点とする政治的な舞台装置の末端であること、などをかんがえると、利発な少年の発想としてほほえましく思うだけではすまされないものがある。

道真は「照れる星」の希少《きしょう》な価値に注目しているのではなかろうか。無数の星のなかの希少な存在の「照れる星」と、貴重で神聖な梅花を相対させ、それを道真みずからになぞらえるのがこの詩の眼目ではあるまいか。

——われは梅である。山里に、下品に咲きみだれる、ありふれた桜とは比較にならぬ希少な梅である！

みずからを梅になぞらえることで道真は、藤原氏を「ありふれた桜」になぞらえていたのではなかろうか。つぎからつぎへと登場してくる藤原一族によって朝廷の要職は独占されてしまいそうな、危険な気配である。藤原の独占を阻止するのは、希少であるゆえに正義の道をゆく梅花、すなわち菅原氏の道真にほかならない！

詩人としての人生を「月夜に梅花を見る」で開始した道真は、生涯のうちに梅を主題にした二十四篇の作品をものした。詩作の全数は五百十四と計算されているから多いとはいえないが、配所の大宰府で怨恨《えんこん》と絶望のうちに死んでゆくときの最後の詩もまた梅花をうたったものであると知るとき、道真の生涯は梅ではじまり、梅でおわったと総括してよろしいのではないか。

謫居《たつきょ》春雪
城《あづち》に盈《み》ち郭《くるわ》に溢れて　幾ばくの梅花ぞ
なほしこれ風光の　早歳の華
〽雁の足に黏《ねやか》り将《ゐ》ては　帛《きぬ》を繋《か》けたるかと疑ふ
烏の頭に點《さ》し著きては　家に帰らむことを思ふ
（『菅家《かんけ》後集《こうしゅう》』）

異境での滞在が終わりに近づいた嬉しい気分を詠《よ》んだ歌である。〽につづく中国の故事は、帰郷（帰京）が可能になったことを知らせる吉兆である。このときに道真の身辺には、帰郷が可能になったしるしはなにもなかったはずだ。中国の故事を引用することで、幻想の帰京の気分を味わってみずからの励ましとしたのだろう。

注目していただきたいのは「梅花が城に盈《み》ち溢れて」いるという光景の表現である。桜はありふれていたが、梅は希少であったはずの当時、「梅花が城に盈ち溢れて」いるというのは誤った観察の結果なのだろうか？

いや、道真の観察は正しい。なぜなら、ここは大宰府であって、都ではないからだ。大宰府の「城」「郭」だからこそ「梅花が盈ち溢れて」いて当然、そうでなければ大宰府とはいえない。

都では希少な梅に見送られて道真は、「梅花が盈ち溢れて」いる大宰府に追放され、梅花の下で侘《わび》しく死んでいった。道真の生涯は梅にはじまり、梅とともにおわった。

道真の詩作を後世に伝えた二人の功労者

不思議で仕方がないことがある。

菅原道真は罪をかぶせられた。生半可《なまはんか》の罪ではない、天皇にたいして謀叛《むほん》を企てたという重大な犯罪である。謀叛が事実であるのかどうか調査しなくては、なんて呑気《のんき》なことをいってはいられない最悪の境遇に追いこまれた。

これだけの犯罪人である。身辺の警備が厳しいのは当然、大宰府で書いた書簡や詩作品が厳重な検査の目をのがれるのはむずかしかったと推察される。

それにしては、文章や詩作品が、よくもこれほど保存され、現代にまでつたえられたものだと驚かざるをえない。不思議で仕方がないというのが、このことだ。

大宰府に追放されるまでの詩と文章をあつめたものが『菅家文草《かんけぶんそう》』と名づけられ、道真自身の手で若き日の醍醐天皇に呈上された。『菅家文草』は天皇の所有物、御物《ぎょぶつ》となったのだから保存されたのは不思議ではないが、大宰府流謫《るたく》のあとの詩文集が『菅家後集《こうしゅう》』と名づけられて今日までのこされているのは驚異である。

詩文集がしっかりと保存されたについて、功労者の名を二名あげることができる。

味酒安行《うまさけやすゆき》――道真の臣下である。主人道真にしたがって京都から大宰府にゆき、道真の身のまわりの世話をし、道真が亡くなっても大宰府を去らず、五十年という年月を道真の墓のそばですごして没した。

紀長谷雄《きのはせお》――下級公卿の出身。道真と同年だが、道真の門弟だった時期もある。道真の失脚後に中納言まで昇進した。死を覚悟した道真は、大宰府でつくった詩文をまとめて紀長谷雄に送るように遺言した。

味酒安行と紀長谷雄がいなければ道真の詩文はのこらなかった。だが、ふたりだけの功績に限定するのはまちがっているだろう。道真が右大臣の椅子《いす》からひきずりおろされ、大宰府へ追いやられると知ったときから、道真の身辺には憐憫《れんびん》と好奇心の入りまじった視線があびせられ、一挙手一投足が観察され、尾ひれをつけて世のなかに流れ出ていった。

それは京都にかぎらない。道真をむかえる大宰府でも、京都から大宰府にいたる悲惨苛《ひさんか》酷《こく》な道中のあいだでも、道真は広い世の好奇心の的になった。

道真の道中にできた三つの天神

——格別のお方である。格別のお方がこの地をお通りになるのだ、途方もないことが起こらぬはずはない。

奇跡を期待する視線のなかを道真は一歩、また一歩と大宰府に近づいてゆく。姫路の津田の港についたとき、道真がすわるべき座具《ざぐ》がなかった。気の毒に思った船頭が気をきかせ、船の纜《ともづな》をぐるぐると巻いて円座もどきにして道真をすわらせた。

——なんとお気の毒な！

潮の香りが染みついた綱の座に坐《すわ》って休憩する姿が、つい昨日までは右大臣として朝廷を牛耳《ぎゆうじ》っていた姿とかさなってくる。

――このお姿を是非とも後世につたえなければならない。

姫路の港の熱い思いが「綱敷天神」のイメージを誕生させた。福岡県築上《ちくじよう》郡の椎田《しいだ》町、浜の宮の海岸にも「綱敷天神」の伝承がつたわっている。物語よりも具体像のほうが想いを効果的につたえられるのである。

博多の港についたとき、道真は四十川の清流におのれの姿を映して、愕然《がくぜん》とした。苛酷悲惨、そのうえに長期にわたった道中だから当然とはいえ、つかれ、やつれきった姿であったのだ。

――これほどの疲労困憊《こんぱい》、大宰府の辛い暮らしに耐えられるであろうか。

道真の溜《た》め息を耳にした興奮を、なんとかして後世に語りつたえたいと思ったひとがいたにちがいないのである。だれいうとなく、ここに天神社がたてられ、その名も「水鏡天満宮」とよばれることになった。博多（福岡）の代表的な繁華街の天神の歴史が、こうしてはじまる。

筑紫の水城《みずき》をこえ、道真は苅萱《かるかや》の関に近づいた。関所をくぐるのである、儀式や服装を気にしなくてかまわないという態度をとってはならない。あくまでも、「われこそは新しく大宰権師に任命された菅原道真である！」と胸を張っていなければならない。大宰府の長官代行が任地にはいってゆく、その形式はきちんとまもらなければならない。

道真は旅で汚れた衣をぬぎ、かたわらの松と石に掛けた。その、堂々たる態度がひとびとの感動をよびおこし、いつのときからか、ここに天神社がたてられて「衣掛天神」の名称がついた。

これには別の説がある。関守《せきもり》の花田（佐田）某《なにがし》が道真の旅の衣をもらいうけ、道真の歌とともに大切に保存していた。この逸話をもとに衣掛天神がたてられたというのが別説だ。（大隈和子『太宰府　伝説の旅』）

第二章

飛梅《とびうめ》伝説が意味するものは何か

一夜のうちに京都から太宰府まで飛んできた白梅

太宰府天満宮の本殿、むかって右手の白梅の巨木が「飛梅《とびうめ》」と名づけられている。美しい字の説明板が添えられている。

左手には紅梅があって飛梅と対をなしているが、参拝者の人気というか、注目度というか、高いのは飛梅のほうであるようだ。

受験と一目でわかる若者が、飛梅の横に立って写真を写してもらっている。笑い顔のなかに不安と緊張を隠せない。不安と緊張は白梅のほうが似合うようだ。確固たる理由はないけれど、紅梅は華やかであって、受験をひかえた不安や緊張とは縁が遠いような印象が強い。

この梅は京都からここまで、空を飛んでやってきた。だから飛梅の名がついた。梅が空を飛ぶとは奇妙なはなしだが、だからといって、そんなことがあるものかと頭から否定する謂《いわ》れもない。

——ほんとうとは思えないけれども、なにやら意味の深い、美しいはなしだ。

そう思いつつ、開きかけた蕾《つぼみ》に顔を寄せると、

——知りたいんでしょう、飛梅の秘密。そういう好奇心は大切にしてください。ならば

教えてあげましょうかな。

耳をすませてききなさいよ、のサインだろうか、白梅のかすかな香り。

土師《はじ》を職業としていた菅原氏

大和《やまと》の添下郡《そうのしも》菅原郷《すがはら》、いまの奈良市の菅原町が菅原氏の発祥の地である。ここには菅原神社や菅原寺（喜光寺）もあった。

菅原の豪族だから菅原をなのればいいわけだが、むかしは土師《はじ》氏をなのっていた。土師の職――埴輪《はにわ》をつくって墓に埋める――をつとめることで朝廷に仕えていたからである。

菅原をなのりたいのに土師をなのらなければならない、ここに彼らの屈辱《くつじょく》があった。

桓武《かんむ》天皇が即位したとき、土師氏は菅原氏への改姓を願い出て許可された。もともとは吉と凶の両様の儀式で朝廷に奉仕することになっていたが、ちかごろは葬式の凶事ばかりで吉事が少ない。わたくしどもの意とするところではないから、先祖の地の名にちなんで菅原をなのりたいというのが改姓を申請した理由であった。

改姓の願いは許可され、菅原となのってすぐに桓武天皇は奈良から山城《やましろ》の長岡京《ながおかきょう》、そして平安京《へいあんきょう》へと二度の遷都を断行する。

菅原氏は桓武天皇の遷都を大歓迎し、強烈に支持したはずだ。嫌気がさしていた土師氏から菅原氏への改姓を許可してくれた天皇の決断なのである、支持しない理由はない。山城の長岡京も平安京も、菅原氏にとっては嬉《うれ》しいものであった。土師氏の記憶がつきまとう古都奈良からの訣別《けつべつ》を意味するのが平安京という新都であったから。

桓武天皇の遷都は画期的な事業であり、それだけに抵抗もはげしかった。奈良にもどろうとする勢力は強く、それを抑えようとした天皇は、弟で皇太子の早良《さわら》親王を死なせるという犠牲をはらわなければならなかったのである。

菅原氏は、そうではない。奈良へもどろうという勢力と天皇側の勢力の争いを、息をひそめて凝視していたはずだ。どうか、奈良への復帰だけは避けてもらいたいと祈るような想いで争いを見ていた。

早良親王が亡くなり、桓武天皇の反対勢力が息の根を断たれたのを確認して、歓呼の声をあげたのは菅原氏であった。

勝利のしるし——紫宸殿《ししんでん》の左近の梅

桓武天皇は平安京の内裏《だいり》の紫宸殿《ししんでん》の前庭に「右近《うこん》の橘《たちばな》、左近《さこん》の梅」の対の植樹をし

紫宸殿　前庭に「右近の橘、左近の梅」の対の植樹がなされている

た。こういう設備は平城京（奈良の都）にはなかったようだ。「二度とふたたび奈良にはもどらぬぞ」という天皇の、勝利のしるしの対の植樹と見ていいだろう。

桓武天皇を心底から支持し、期待する菅原氏が、その姿勢のしるしとして自邸の庭に梅の木を植えたのはいうまでもない。

桓武天皇のつぎの平城《へいぜい》天皇の代は奈良復帰の策動がはげしかったが、その平城天皇が敗北してから政治はおちつき、嵯峨《さが》天皇は自信にあふれて平安京を整備、拡大し、郊外を開発した。京都の歴史を見ていて、嵯峨天皇の名が出てくると安心するのはそういうわけだ。

朝廷の安定と歩調をあわせるように菅原氏も勢力を高め、安定させていった。屋敷の庭に梅の木を植えて、梅ならば菅原氏といわれる状況になってきた。

「梅―学問―出世」の三点セット

梅ならば菅原氏といわれたのは、おりあるごとに道真が梅樹と梅花を主題とした詩をつくって披露《ひろう》したからだ。

その道真が式部少輔《しきぶしょう》と文章博士《もんじょうはかせ》を兼任したころから、「梅―学問―立身出世」の三点がめでたい組み合わせとして尊重されるようになった。式部少輔は式部省の次官、従五位の相当官、れっきとした殿上人《てんじょうびと》である。

本来ならば官職というものは人物本位で任命されるはずだが、文章博士の役職が道真の祖父、父、そして道真とつづいて、まるで菅家の世襲の職であるかのようになった。公平たるべき律令《りつりょう》の精神からすると宜《よろ》しくはないが、それだけに道真の学問の格別の優秀をしめす事態でもあった。

——梅の木は縁起がいいらしい。菅家を見ろ！

梅の木と学問、出世をむすびつけて「好文木《こうぶんぼく》」とよぶ風習が根づいてきた。中国の晋《しん》の武帝《ぶてい》が学問に励んでいるときには梅の花がひらき、学問を怠《おこた》ると花は開かなかった。この故事にちなんで、梅を「好文木」とよぶようになった。

水戸の偕楽園《かいらくえん》には三千本の梅の木が植えられ、「好文亭」と名づけられている。偕楽園をたてた幕末の水戸藩主、徳川斉昭《なりあき》が軍隊の兵糧《ひょうろう》材料の梅干を採るために一万本の梅の木を植えたのがはじまりだ。

軍隊の兵糧の梅干を採るために梅を植えたのは色も艶《つや》もないはなしだが、その反動として斉昭は、梅園の亭に優雅な「好文亭」の名をつけたのかもしれない。強気な尊皇攘夷《そんのうじょうい》の政策を主張しつづけた斉昭である、菅原道真の不器用で一本槍のゆきかたと、どこかで共通するものはある。

梅の木と菅原道真――両者は提携して名を高めてゆく。かたや、花のなかの花として他を圧倒する位置にのぼってゆく梅、かたや、梅を讃美する詩を盛んにつくって披露し、学問によって猛烈なスピードで出世の階段をのぼってゆく菅原道真。

わが身を梅になぞらえる

もとはといえば桓武天皇からはじまったことだが、それはそれ、道真が梅に注目して肩入れしたのは道真にも、梅にも、ともどもに幸せな結果をまねいた。人間が肩入れしてやらなければ自力では繁殖もできない、「花のなかの花」の位置も得られないのが梅であった。それだけに、道真としては肩入れしてやる甲斐《かい》があった。

十一歳の年の「月夜に梅花を見る」で詩人としてデビューした道真は、たちまちにして多作の才能を発揮するのだが、ここぞという節目にはかならず梅を主題とした詩をつくっているのが注目される。

貞観《じょうがん》十六年(八七四)正月、清和《せいわ》天皇は仁寿殿《じんじゅでん》で内宴をひらいた。正月におこなわれる行事のひとつの内宴では、学者がまねかれて詩をつくり、詩を献じて披露する。「年中行事絵巻」を見ると、詩を献じる詩人の右手に一本の梅樹が植えられているのがわかる。左手に桜も橘もないのは季節からして当然だが、ここから想像するに、宮殿の花や木というと、すぐに「桜と梅」「橘と桜」といった二本の対を連想するのはまちがいのようだ。

梅を証人として、晴れがましい姿で詩を献じる。二十六歳の菅原道真も大役をあたえられた。

早春　宴に仁寿殿に侍《はべ》りて同じく「春雪早梅に映ず」といふことを賦《ふ》す。製に応えまつる

自作の詩の頭書である。仁寿殿の宴にまねかれ、「春雪早梅に映ず」の題によって作詩したものであると説明がついている。

雪片花顔　時に一般
上番の梅楥《ばいゑん》　追歓を待つ
(雪の一片と梅の花とは見分けがつかない。上の枝を支える添え木は、やがて本物の梅の花が咲くのを待っている)

……（略）……

明王　もし真偽に分かつ可《べ》くは

願わくは　宮人をして子細に看せしめよ

（聖明な天子が雪片と梅花を区別なされたいのであれば、女官たちに詳《くわ》しく観察させていただきたい）

（『菅家文草』）

梅が主題であるから当然とはいえ、道真の詩のこころでは「梅—正義」の図式は確固としてあり、動揺することはない。この図式がやがて「梅—正義—菅原道真」と拡大する日は近いのである。

内宴のあと、右大臣藤原基経《ふじわらのもとつね》の屋敷で詩人だけの私的な会がひらかれ、道真はここでも梅の詩を披露した。題は「東風梅を粧《よそお》ふ」である。

春風　便《すなわ》ち逐《お》ひて頭生《とうせい》を問ふ

為に梅粧を玩《もてあそ》び　樹を繞《めぐら》して迎ふ

（春風が吹いてきて、第一番に咲くのはどの樹かなとたずねる。そこで梅は美しく化粧をして、全身に花を咲かせて春風をむかえる）

……（略）……
号令なほし閑《しず》かなり　五日程《ごにってい》
好是《ことむな》し　銀塩多く蕊《ずい》を結ぶ
丞　相《しょうじょう》の　羹《あつもの》を和《くわ》せむことを欲するに縁《よ》るべし
（天の指示の風もまだ静かであり、春の盛りはまだ遠い。梅花を見ると白い蕊が寄り集まっていて、真っ白にかがやく塩に似ている。羹を調理するのに塩が使われるのとおなじように、梅は大臣のために塩となって政治を助けようとしているのだろう）

つぎの年の初冬、兵部侍郎となった道真は「書斎にして雨ふる日、独り梅花に対《むか》ふ」と題する詩をつくった。

點検す　窓頭　数個の梅を
花の時　記さず　幾ばくかの年か開《さ》きたる
（書斎の窓の外の何本かの梅の木の開花の様子を点検してみる。ここ数年、開花の様子を調査記録するのを怠ってきた）
宮門　雪は映ず　春遊の後
相府　風は粧ふ　夜飲したるより

（宮中の内宴で『雪は早梅に映ず』と歌ったが、はたして宮門の梅は春雪に映って咲いていた。大臣の官舎の会では『東風梅を粧ふ』の詩をつくったが、はたして春風が梅を化粧させて開花させた）

ここに道真は、宮中内宴のことと大臣官舎での会のことを説明する散文を挿入している。

紙障　なほし卑《ひき》くして樹に依りて立つ
蘆簾《ろれん》　暫く撥《かか》げて香を引きて廻らす
書斎　雨に対《むか》へば閑にして事なし
兵部侍郎　興なほし催す

（わたしの書斎の障子は低いものだが、それでも、梅の木が見えるように工夫して立てている。蘆簾はすこし巻き上げ、梅の香りが部屋に導いている。雨の日、ひとり、書斎にじーっとしているだけだが、梅の花を見れば興味はわいてくるのである）

道真はわが身を梅になぞらえている。梅は道真である。道真は詩の作者であって同時に主人公である——そういう視点から三篇の詩を読みなおしていただければ、梅を讃美し、梅をもりあげることで自分自身の正義と能力を証明しようとしている、道真のなまぐさい野望も見えてくるはずだ。

たとえば、「明王　もし真偽に分かつ可くは」の句は「わたくしが真正な忠臣であることは天子はもちろん、女官たちの目にもはっきりと映っているはずだ」との自信の表明である。またたとえば、「兵部侍郎　興なほし催す」は「わたくしの現職の兵部侍郎は激務とはいえませんが、部屋の外の梅はわたくしの昇進と活躍をいまや遅しと期待しているのです」と、みずからを誇っている。わが身に寄せられている期待を感じ、興奮している自意識の吐露にほかならない。

「東風《こち》ふかば」の歌が呼びかけた梅の木はどこにある？

道真がさかんに歌いあげる梅の木、それがどこにあったのか、あらためて確認しておこう。

いまでは「道真―北野天満宮」の連想が強烈だから、「梅はどこにあったか？」と問われると、ついうっかり「北野天満宮にあったのさ」と答えてしまいそうだ。だが、これはもちろん間違いなのである。道真が野望に燃えて、わが身を梅になぞらえていたころには、北野天満宮の影も形もなかった。

しかし、京都に梅はあった。

重要な意味をもつ梅の木が、まず内裏《だいり》の紫宸殿《ししんでん》の前庭と仁寿殿《じんじゆでん》にあった。紫宸殿というと「左近《さこん》の桜、右近《うこん》の橘」が連想されるけれども、「左近の桜」となったのは新しいことであって、そもそもは「左近の梅」が正しかった。

日本の樹木史を研究する有岡利幸氏は『天暦《てんりやく》御記』の記述に依拠《いきよ》して、つぎのような見解を展開された。

「はじめ南殿に、橘と対をなして植えられていたのは梅の木であった。そもそも平安遷都のはじめは秦河勝《はたのかわかつ》の邸宅を転用して紫宸殿とされており、その階下には古梅があったが、そのまま植えおかれていた」（『梅I』）

『古事談』の記述も、平安遷都の当初の南殿（紫宸殿）には梅の木が植えられていたが、そのあとで桜に変わった経過をはっきりと述べている。

「南殿の桜樹はもともとは梅樹だった。桓武《かんむ》天皇が遷都のときにお植えになったのだ。承和年中（八三四～八四八）に枯れたので仁明《にんみよう》天皇によって植え替えられたが、天徳《てんとく》四年（九六〇）の内裏炎上のとき類焼し、そのあとは梅ではなく、重明親王《しげあきら》の屋敷にあった桜の木が植えられた」（意訳）

道真の失脚、大宰府への左遷は延喜《えんぎ》元年（九〇一）だから、紫宸殿の左近には梅の木が植えられ、右近の橘と対をなしていた。

その梅にむかって道真は、「われを忘れてくれるなよ」と血を吐く思いでよびかけたのではなかったのだろうか。

「東風ふかば……」の東風とは、もちろん「東から吹いてくる春の風」だが、別の、もっと重要な意味をふくんでいるのである。

――いま吹いているのは悪風である、誠実な政治家に「謀叛」のレッテルを貼りつけて追放する悪風である。紫宸殿の左近の梅の木よ、どうかおまえは、春の東風を招いておくれ。正しい政治家が復活し、正しい政治をおこなえるようにしておくれ。待っているよ！

道真にとってもっとも親しく、頼りになるのは紫宸殿の左近の梅の木であった。自宅の庭の梅の木が大切でないわけではないが、左近の梅とくらべれば重要度は比較にならないのである。

十五歳の年に元服し、文章生《もんじょうしょう》をめざして猛烈な勉学をはじめたときからの道真の艱難《かんなん》辛苦《しんく》の日々を知っていてくれるのは左近の梅なのだ。

道真にとって、左近の梅はたんなる梅ではない。天皇の代わりの、貴い存在である。道真は、梅の木のむこうに天皇のまなざしを見ていた。

――どうか、わたくしをお忘れなく！

道真は梅の木によびかけるかたちで、じつは天皇によびかけたのである。

仁寿殿の梅を植えたのはだれか、はっきりしてはいないが、桓武《かんむ》天皇の遺志を讃美し、かつ継承する立場からの植樹とみていいはずだ。紫宸殿の梅が株分けされて仁寿殿の梅になった、とかんがえてもよろしいだろう。

そして、内裏の外に重要な梅の木が植えられていた。いうまでもない、菅家の屋敷の庭である。

京都における菅家の屋敷はすくなくとも三戸はあった。とりあえず確認しておこう。

まず、京都御苑の下立売門《しもだちうりもん》（烏丸通《からすまどおり》の下立売）の東、いまは菅原院天満宮とよばれているところ、これが道真の父の是善《これよし》の屋敷跡だった。是善の死後に道真にゆずられた。道真はここで誕生したとする説もあるが、当時のしきたりからして、道真は母の伴《とも》氏の実家で生まれたとみるのがいいようだ。

二番目が仏光寺通り西洞院《にしのとういん》の南、いまは菅大臣社になっている屋敷である。道真のころは宣風坊といっていた屋敷で、道真みずから「書斎記」を書いている。

宣風坊もまた父の是善からゆずられた屋敷である。道真はここで漢学の塾をひらいて門弟を養成していた。道真の政治家としての勢力を培養する場でもあったわけで、多くの門弟が出世をねがって学問にはげんでいた。その光景は「菅家廊下」の名で注目され、かつまた警戒もされていた。

宣風坊の梅の木の様子は、道真の「書斎記」によってリアルに紹介されている。「戸前に近きかたわらに一株の梅あり。東に去ること数歩にして数竿《かん》の竹あり。花時には風が（梅の）香りをはこんでくれて気分をのびやかにし、精神をやしなってくれる」

宣風坊は白梅殿の通称があった。そして、宣風坊の北に接してもう一軒の菅家屋敷があり、紅梅殿とよばれていた。菅家の第三の屋敷、すなわち紅梅殿の跡地に、いまは北菅大臣社がたっている。大宰府に左遷された道真は、紅梅殿の梅を懐かしんで「梅花」と題する詩をつくったことがある。

宣風坊の北　新たに栽《う》えたる処
仁寿殿の西　内宴の時
人は是れ同じき人　梅は異なる樹
知《し》んぬ　花のみ独り笑みて　我は悲しびの多きことを

（『菅家後集』）

時間と場の関係がわかりにくいところがあるけれども、状況を推測すると、こういうことであるようだ。

――宣風坊（白梅殿）の北（紅梅殿）に新しく梅の木を植えた。自分の気持ちとして、あの木は内裏《だいり》の仁寿殿の梅の木から株分けして植えたものだと思いたい。仁寿殿の内宴で「春雪に早梅が映ず」の詩をつくって上覧にそなえたのが、わが生涯の最高の時であったなあ。われはいま、仁寿殿のはるかな西、大宰府に追われて、仁寿殿の梅でもない、紅梅殿の梅でもない、別の梅を眺めている。

「われを忘れるな」の裏返しの心境

都を出るときに道真は梅によびかけた、「主人たるわれを忘れてくれるなよ」と。そのとき、道真にはわかっていたのだ、この梅の木がわれを忘れることはあっても、われが梅の木を忘れるわけにはいかないのだと。

梅を忘れてしまえば道真は道真ではなくなる。藤原氏の圧力に屈伏した、ただの弱小政治家にしかすぎなくなる。

梅をテーマにして詩をつくり、みずからを梅になぞらえて政界の注目をあつめ、藤原氏に対抗してきた。

なにもかも梅のおかげなのである。

大宰府に追放されたからとて、「道真―梅」のつながりを棄てるわけにはいかない。梅を棄てれば、京都の朝廷とのつながりまで棄ててしまう結果になる。

――それにしても、大宰府の梅の、この圧倒的な色と香りは、すごいものだな！

梅は日本原産の樹木ではない。

中国から七世紀のころに輸入された。

はじめは九州に植えられ、それから海をわたって本州へつたわっていった。中国から九州、九州から本州の伝播《でんぱ》ルートをくりかえしながら北や東にひろがっていった。

梅は日本の山野には自生しない、栽培樹木である。人間が手をかけてやらなければ根つかず、成長しない。だから梅は、人間の手によって拠点をつくりながらひろがってきた。

人間の手のあるところがつまり梅の普及の拠点である。

中国に近く、しかも梅の栽培にまわせる人力のあるところ、それは大宰府である。だから大宰府が梅の本場になった。

梅の歌はコメ生産の豊凶予告に使われた

コメの出来の良し悪《あ》しは、年のはじめのうちに予告されると思われている。豊作だと予告されれば、どうかそのとおりであってほしいと願う。

凶作が予告されれば、どうか間違いであってほしい、あらためて豊作を予告してもらいたいと切望する。

年のはじめの自然現象がその年の豊凶を予告する。鳥ならばウグイス、花ならば梅だ。梅の花を簪《かんざし》として頭にさし、神の祝福をいただいてコメの豊作を祈る。

梅の歌をつくるのも、梅の神聖なちからをいただいてコメの豊作を祈る姿勢から発している。コメを栽培する農民が豊作を期待するのは当然だけれども、その土地を支配する役人たちにとっても、梅の予告に無関心ではいられない。

コメの出来の良し悪しが九州を総括支配する大宰府の官人としての功績にかかわってくるからだ。

天平二年（七三〇）正月、大宰府においてなんとも大規模な歌会がひらかれた。大宰帥の大伴旅人《おおとものたびと》が主宰した梅花の宴である。天平二年は菅原道真が生まれる百年以上もむかし、偉大なる奈良の帝王、聖武《しようむ》天皇の代であった。

大伴旅人《おおとものたびと》と山上憶良《やまのうえのおくら》

大伴旅人と山上憶良《やまのうえのおくら》——万葉集の二大歌人がおなじ時期に筑前《ちくぜん》に赴任していた。旅人は大宰府の長官の帥であり、憶良は筑前国の国司《こくし》を束《たば》ねる筑前守であった。

筑前国にかぎれば国守の憶良が最高の権限をもっているけれども、その筑前国に設置されている大宰府は、全九州と壱岐、対馬の二島を総括支配する役所であり、奈良の朝廷の分身である。大伴旅人はその大宰府の帥であるから、憶良との関係はなかなか微妙なものがあったろう。

ともかくも、旅人と憶良である。「神亀《じんき》の末年から天平の初年にかけて、『万葉集』の中心はしばらく大和《やまと》から大宰府に移った感がある」という指摘はもっともだといわざるをえない。（前田淑『梅花の宴』）

ただし、大宰府はあくまで朝廷の分身であって朝廷そのものではない。大君遠朝廷《おおきみのとおのみかど》という言葉にこめられている「辺陬《へんすう》の地」の哀感は、歌人の胸にはとくに痛切にひびいたにちがいない。

このころ大伴旅人は六十六歳、大和から同伴してきた妻の大伴郎女《いらつめ》に先立たれ、老齢ゆえに昇進の望みも薄いとあって、望郷の歌を詠んでは気をまぎらせていた日々であったらしい。

下僚である大宰少弐の石川足人が「奈良の佐保山のお家が恋しくはございませんか」と歌でたずねたのにたいして、旅人は「そんなことはないさ」と否定してみせる。

やすみしし　わが大君の食国《おす》は
倭《やまと》も此処《ここ》も　同じとぞ思ふ
（『万葉集』巻六）

聖天子の支配なさる国のうちであるからには、大和もここ大宰府もなんの変わりもない——旅人の強がりにすぎない。

山上憶良にしても、望郷の想いが消えたことはなかった。梅花の宴がひらかれたのは天平二年の正月、その年の暮れに旅人が帰京することになり、餞別《せんべつ》の宴がひらかれた。その席上で憶良は「あえて私懐をのぶる歌」三首を披露して旅人への餞《はなむけ》とした。そのうちの一首はつぎのとおり。

天《あま》ざかる　鄙《ひな》に五年《いつとせ》住《す》まひつつ
都の風俗《てぶり》　忘らえにけり

（『万葉集』巻五）

——帰京なさる大伴氏はうらやましい、めでたい。だが、もしもわたくしが帰京すると仮定しても、五年もの長期の田舎暮らしのあいだに都の暮らしのしきたりを忘れているのではないかと、不安に駆られずにはおられない。

大宰府の官人、歌人たちの複雑で微妙な望郷の想いなのである。

大伴旅人が梅花の宴をひらいたのは、切ない望郷の想いを、たとえ一時でもいい、ふりはらおうとの発想ではなかったか。

望郷の想いを断ち切るためには、大宰府の素晴らしさを強調すること、そのためには大宰府にあって、都には存在しないものごとに注目すること——ならば梅である。

梅についていえば、大宰府は都よりははるかに先進地なのである。梅に注目し、梅を歌いあげるかぎりは、世界の文明の発信地の中国に近いという、奈良にたいする大宰府の優越感をあじわえるのだ。

梅花の宴を再現している大宰府展示館のジオラマ

大宰府の梅花の宴の伝承と、博多名物の博多人形をむすびつけると、どういう結果が出るか？

大宰府の官人たちをモデルにして博多人形をつくり、梅の花の散る大宰府政庁の園の宴の様子をジオラマで再現した大宰府展示館の発想と工夫はおもしろい。大宰府政庁の跡地の公園、むかって右手の朱色の柱の建物が大宰府展示館である。

紫色の衣服を着用して坐っているのが大宰帥、宴の主催者の大伴旅人《おおとものたびと》だ。官人たちがどういう内容の食事をしていたか、といったことも再現されていて、楽しい。

梅花の宴は天平二年正月十三日にひらかれた。会場は大宰帥大伴旅人の宿舎であった。宴は公的なものではなくて、大宰帥の旅人が私的な立場で下僚の諸役人をまねいたものだったと理解するのが正しいようだ。

『万葉集・巻五』の「梅花の歌三十二首」の序文によると、この日は素晴らしい天気にめぐまれた。

「時に初春の令月《れいげつ》（陰暦二月）にして、気《き》淑《よ》く風和《やわ》らぎ、梅は鏡前の粉を披《ひら》き、蘭《らん》は珮後《はいご》の香を薫ず。しかのみにあらず、曙の嶺に雲移り、松は羅《うすもの》を掛けて蓋《きぬがさ》を傾け、夕の岫《くき》に霧結び、鳥は縠《うすもの》に封《こ》められて林に迷ふ。庭には新蝶舞ひ、空には故雁帰る」

あつらえたような快晴の下で、歌人たちがあつまってきた。梅花の宴にのぞむ歌人の気分は、こう表現されている。

「ここに天を蓋《きぬがさ》とし、地を座《しきゐ》とし、膝を促《ちかづ》け觴《さかづき》を飛ばす。言を一室のうちに忘れ、衿《ころものくび》を煙霞の外に開く」

「請う、落梅の篇を紀《しる》さむ――」

――さあ、諸君、落梅の歌をつくっていただきましょう！

旅人の合図で歌人たちは歌づくりに没頭する。梅を歌いあげる、ただそれだけの目的であつまった歌人たちなのだ。

大弐紀卿というひとの歌が三十二首の梅花の歌の最初に記録されている。大弐紀卿とは紀氏出身で大宰大弐の職にあるひとのことだが、くわしい名は書かれていない。

正月《むつき》立ち　春の来たらば　斯《か》くしこそ
梅を招きつつ　楽しみ終えめ

こうして梅の歌を詠《よ》んで楽しむのが正月というものなのです、といった程度の意味の歌だが、そこを一歩つっこみ、あえて歌の意の裏を読みとるのも不可能なわけではない。

大弐紀卿は「正月には歌会をひらいて梅を歌いあげるのがしきたりであります」と詠《よ》んだ。念のために、くりかえす、紀卿がこの歌を詠んだのは九州の筑紫《つくし》の大宰府、大宰府の長官の大伴旅人の宿舎である。

だが、この歌は大宰府でつくられたのだという知識がなければ、都の宮廷の年中行事の正月の歌会で詠まれた歌だと思うのが自然である。考えすぎかもしれないが、作者の紀卿や、この歌を三十二首の最初に置いて『万葉集』を編集した関係者は、読者が「これは都でつくられた歌だ」と誤解する方向に誘導する意図をもっていたのではなかろうか。

梅に託された都にたいする大宰府の自負心

三十二首の梅の歌の配列について、前田淑さんの研究がある。宴の主催者の旅人の歌は全体の八番目に掲載され、作者名は「主人」となっている。

わが園に　梅の花散る　ひさかたの
天より雪の　ながれくるかも

旅人の歌より前に掲載されている歌の作者はすべて五位より高く、旅人の歌の後に掲載された歌の作者はすべて五位より低い。旅人が宴の主催者で、五位以上は正客、六位以下は陪席者として扱われているとみられる。貴族の社会では、五位以上と六位以下の差別は冷酷といいたいほどに画然としている。

この事実から前田さんは、つぎの見解を披露された。

「梅花の宴は……正月に催され、五位以上の人を正客とした点から考えて、宮中で毎年新年に行われた公的な宴会の大宰府版であったと考えられる」（『梅花の宴』）

そのとおりにちがいない。役所の建物を避けて、あえて宿舎の自宅を宴の会場にえらんだところに、旅人の、したたかな謙遜《けんそん》の仮装がかくれている。

梅である。梅があるからこそ大宰府は、都にたいして胸を張って対抗できた。

——こちら大宰府の梅は中国から直接に伝来した梅ですからな。そちらにも梅があるのは知っていますが、そちらの梅はこちら大宰府の梅の子、または孫にあたります。こちらの梅が本場の梅ならば、そちらの梅はいわば場違いの梅！

大伴旅人たちが梅花の宴をひらいて梅を歌いあげてから百七十一年、朝廷ナンバー2の大物、前右大臣の菅原道真が大宰権帥の役名を背負わされて平安京から大宰府へ追われてくる。

十一歳の年にはじめてつくった漢詩の主題が「梅」、二軒の自宅の庭に梅を植えて、「紅梅殿」「白梅殿」とよばれるのを喜んでいた男が道真である。

その道真が梅の本場の大宰府へやってくるという。旅人の梅花の宴のときと変わらず、大宰府の梅は健在である。毎年、春にさきがけて咲きほこっている。

——ただでは済みそうもないな。

不安な予感がする。

飛んできたのは紅梅か、白梅か

道真が大宰府に着いたのは延喜《えんぎ》元年（九〇一）の晩春であった。

京都を発つとき、道真は自宅の庭の梅の木に「東風《こち》ふかば……わたくしを思いだしてくれよ」と悲痛な調子でよびかけた。

よびかけられたのは紅梅殿の紅梅か、白梅殿の白梅なのか？

国宝の『北野天神縁起絵巻』（彩色）を見ると、道真が「春な忘れそ」とよびかけている梅はまぎれもなく紅梅である。しかし、現在の太宰府天満宮の社前の「飛梅」は白梅だから、事情を知っている参拝者は戸惑うことになる。

京都から太宰府へ飛んでくるあいだに紅色から白色に変化した、とかんがえられないこ

大宰府に配流される菅原道真　「北野天神縁起絵巻」（承久本）より

庭先の梅に別れを告げる菅原道真　「北野天神縁起絵巻」より

ともないが、それならそれで変色の積極的な理由が欲しいところである。

白梅か、それとも紅梅か、詮索《せんさく》するのも悪くはないけれど、紅梅殿と白梅殿は五条坊門小路（いまの仏光寺通）をはさんで南北に隣接していたのだ、紅梅と白梅の両方によびかけたものと解釈するのが正しいだろう。

そして、大宰府へ飛んでいったのは白梅だったと解釈すると筋が通る。

となると、「わたしを忘れてくれるなよ。春になったら咲いてくれよ」という道真の切なる思いを紅梅は無視したのかということになるが、そうとも断言はできない。

飛んだのは折れた枝だった？

嘉永《かえい》五年（一八五二）というとアメリカ大統領の使節のM・ペリーがやってきて幕府に開国をすすめる、前の年だ。

この年は菅公（菅原道真）の九百五十年忌にあたるので、太宰府天満宮ではさまざまな行事がおこなわれた。「大宰府神霊飛梅真図」が発行されたのも記念行事の一環である。新聞紙の半分ほどの大きさに印刷され、右半分に飛梅の図、左に説明の文章がある。参拝者に配布するのが目的で製作されたはずだから、何千枚、いや何万枚も印刷されたにちがいない。

飛梅の伝承が、いつ、どのように語られてきたのか、ていねいに説明されている。いちばん最初に飛梅のことを語ったのは平安時代の末期につくられたという歴史物語の『大鏡』だという。

そこで『大鏡』をひらいてみると、道真が京都を発つときに有名な「東風《こち》ふかば……」の歌を詠んだことが書いてある。噂《うわさ》は別とすると、物語のなかに道真と梅の関係が書かれたのは『大鏡』が最初である。これが嘉永五年の段階での太宰府天満宮の正式の見解であったのがわかる。

では、京都から大宰府まで梅が飛んだはなしは、どこに出てくるのか？

これについて、「大宰府神霊飛梅真図」は明確な回答をしめしている。『源平盛衰記』であるという。

そこでこんどは『源平盛衰記』をひらいてみると、たしかに書いてある。ただし、「東風ふかば……」と詠んだのは京都を発つときではなく、大宰府に着いてまもなくのことであったというところが『大鏡』とは異なっている。

大宰府に着いたのは二月のうちである、おりから吹いてきた東風に刺激され、道真は京都にのこした梅のことを思いだした。懐かしさに堪えきれず、「東風ふかば……」と詠んだ歌の気が京都の紅梅殿の梅に通じた。

桜は相手にされなかった

『源平盛衰記』によると、「天神の御所には桜の木もあった」のだそうだ。「御所」という言葉が出てきてまちがいやすいが、天皇の御所ではなくて、菅原道真の住まいのことだ。天神さまになった道真を尊敬する態度をそのままで過去の事件を描写するから、誤解されやすい書き方になる。

さて、その桜が、なんとも気の毒なことになったのである。

「おなじ屋敷のなかに梅も桜もあったのに、どういうわけか、道真からお言葉をかけられたのは梅であって、桜ではなかった。お言葉をかけられないのを恨んだ桜は、一夜のうちに枯れてしまった」

梅よりも桜の地位は低いのであると、『源平盛衰記』の作者はみずからは断じない。天神さまがお言葉をかけなかったのは桜がお嫌いであったからだというふうに、天神さま――道真のおこころざしの結果にした。

紅梅殿の梅の木は割れて折れて半分しかのこっていないが、片身の半分は空を飛んで大宰府へ行っている。片身ながら、いや、片身だからこそ梅は素晴らしい。梅にくらべると、桜は惨めな境遇になったものだ。天神さまからお声をかけていただく資格のない、地位の低い樹木であると断定されてしまったのである。

大宰府が手にした二つの宝物

大宰府は、二重の意味で素晴らしい宝物を獲得した。

まず、朝廷ナンバー2の菅原道真を獲得した。

ナンバー1の藤原時平《ときひら》に簡単に敗北したのだとか、地位は高かったかもしれないが、大宰府へやってきた道真は罪人同様の境遇なのだとか、その気になればいくらでも批判はできるが、大宰府が獲得したのは朝廷の分身の菅原道真という名であり、じっさいがどうであろうと、たいした問題にはならない。

その道真を慕って、内裏《だいり》の紫宸殿《ししんでん》や仁寿殿《じんじゅでん》の梅の分身の紅梅殿の梅が飛んできた。大宰府が獲得した第二の宝物である。

大宰府にはむかしから多数の梅の木があって、「梅の本場は大宰府なり」と威張る気分もあった。だが、都の梅と勝負したことのないのが大宰府の役人や大宰府の梅の遺憾《いかん》とするところであった。

いまはもう、そうではない。紫宸殿や仁寿殿の梅の兄弟の梅が、「こんな都にいるのはイヤだ!」といわんばかりに、後足で砂をかけるようにして大宰府へ飛んできてくれた。梅にかんするかぎり、大宰府は都にたいして決定的に優位な地位に立ったのである。

——梅は飛んでいってしまったが、桜はあるぞ。梅はもう古い、これからは桜の時代なのだ。

都のひとびとは口惜しさのあまりに歯を食いしばり、梅に寄せていた尊敬と期待を桜に切り換えようとしたかもしれない。

だが、なんと気の毒なことに、道真に声をかけてもらえなかった桜は気落ちして、枯れてしまった。つまり、都には桜はなくなってしまったのだ。

大宰府の梅の優位、都の桜の枯渇《こかつ》という状況に、『源平盛衰記』は追い打ちをかける。道真より六十年ほどあとに活躍する源　順《みなもとのしたごう》という学者で歌人が「梅は飛び、桜は枯れぬ」という歌をつくったと発表したのである。

源順は文章道の家柄から世に出たひとだから、おなじ境遇の道真に親近感があったのは

太宰府天満本殿の横にある「飛梅」

自然であり、それがまた『源平盛衰記』の宣伝力に拍車をかける。

梅は飛び　桜は枯れぬ　菅原や
深くぞ頼む　神の誓いを

太宰府天満宮の飛梅をながめて感慨にふける参拝者。かれらが、ふと、「梅は飛び　桜は枯れぬ……」と口ずさんだとすると、これは飛梅にとって栄養満点の肥料になる。

都の桜が無惨な姿をさらすのを尻目に、大宰府の梅はますます威勢がよくなった。そしていま、受験生とならんでカメラに納まり、「わたくしの主人の天神さまのように賢くなりなさいよ」と激励している。

第三章

道真の大宰府での日々はどのようなものだったか

榎社（榎寺）——大宰府の南館が道真の宿舎に

大宰府の南館とよばれていた建物、菅原道真が左遷されたころには使われていなかったようだが、それこそ好都合というわけで道真の宿舎になった。

——ともかくも権帥《ごんのそち》の地位にあるお方、あの廃屋《はいおく》でお住まいいただくわけにはまいらんでしょう。

道真の健康と安全を考慮して難色をしめす役人もいたはずだ。しかし、万が一にも都にきこえた場合をかんがえると、やはり粗末な南館におしこむようにして住まわせるしか仕方はなかった。

空き家の建物の朽ちるのが早いのはいまもむかしも変わらない。道真の住居としてあてがわれた大宰府の南館は、ながいあいだ空き家になっていた。いくらかは修補されたとしても、充分なはずはない。

承和《じょうわ》の変で失脚して大宰員外帥《だざいのいんがいのそち》とされた藤原吉野を前例にせよ、というのが朝廷の指示であった。となると、権帥としての職務がないどころか、手足を縛《しば》られないだけがましの罪人とかわらぬ扱いになる。

飢え死にしないだけの生活費が支給されるだけで、権帥としての正式な給与は出ない。

榎寺（榎社） 菅公を日夜世話した浄妙尼を祀る

菅公館跡 菅原道真が大宰府に左遷されてから没するまで謫居した地

南館の跡地の、そのまた跡地にいまは榎寺《えのきでら》または榎社とよばれる建物がたてられ、菅公の不運と不幸をしのぶよすがになっている。

大宰府政庁跡のバス停からまっすぐ南へ、御笠《みかさ》川をわたって国道3号線を東（左）へ、すぐにまた南へ曲がると右手にこんもりとした森が見えてくる、榎社だ。東へ南へとカーブするから方向感覚が狂うかもしれないが、まちがっても、たいした距離ではない。

榎社に着いたら、とりあえずは真北の方向に向かい、榎社のまっすぐ北に四王寺山がひかえているのを確認していただきたい。四王寺山——大宰府政庁——榎社が北から南へ一直線上にならんでいる。

なんとも贅沢《ぜいたく》、かつ豪華な位置取りではあった。「都の分身」という性格をかんがえれば当然すぎるくらいの威容だが、その威容は建物よりは四王寺山を背に、御笠川を前にした位置取りにしめされていたといっていい。

御笠川、これがまた、まるで大宰府のために注文して掘りあげたかのような曲線を流れている。四王寺山の東の麓《ふもと》の奥の宇美《うみ》から流れて出て、五条から政庁の前をまっすぐ西へ向かい、鷺田川と合流して西北の方向に斜めに流れてゆく。

政庁の前の東西の直線の流れには人間の手がくわわっている感じはいなめないが、それにしても、四王寺山の神が大きな手をのばして、大宰府政庁をうしろから抱きかかえて守っているのは天意にもとづく配置といって過言ではない。

山上憶良の歌に詠まれた大宰府の南の農民

大宰府は「西の都」として設計された。だから平城京や平安京とおなじように、南北の「坊」と東西の「条」が走っていた。

政庁から南へまっすぐにのびる中心道路が朱雀《すざく》大路である。朱雀大路の東へ一坊から十二坊まで、おなじく西へ一坊から十二坊までひろがる。

政庁の背中を東西に走るのが一条であり、南の端の二十三条まであった。二十三条はいまの二日市町の位置を東西に走っていたのが確認されている。

現在の地図のうえに置いてみるとなかなかの広さだが、人家は少なかったようだ。御笠川の位置の五条のあたりと、商人町の二日市町のあたりをのぞけば、条や坊とは名ばかりの寂しい農村の風景がひろがっていたと思われる。

高位高官の官人の宿舎は政庁の近くにあるが、官と位がさがるにつれて南へ遠ざかり、農民と入りまじって住んでいた。有名な歌人の山上憶良《やまのうえのおくら》は筑前守《ちくぜんのかみ》だから大宰府の官人ではないが、日々の生活は大宰府の官人とおなじかたちで送られていたはずだ。高級住宅地に憶良の官舎があったのだろう。

高級官舎の住人の憶良が大宰府の南の貧しい農民の暮らしを見て、悲しみにあふれたあまりに詠んだのが「貧窮問答《ひんきゅう》」の長歌と短歌である。(『万葉集』巻五)

「風雑《まじ》り　雨降る夜《よ》の　雨雑り　雪降る夜は　術《すべ》もなく　寒くしあれば　堅塩《かたしほ》を　取りつづしろひ　糟湯酒《かすゆざけ》　うち啜《すす》ろひて　咳《しわぶ》かひ　鼻びしびしに　しかとあらぬ　鬚《ひげ》かき撫で……」

「短き物を　端截《はしき》ると　云へるが如く　楚取《しもと》る　里長《さとおさ》が声は　寝屋戸《ねやど》まで　来《き》立ち呼ばひぬ　かくばかり　術《すべ》無きものか　世間《よのなか》の道……」

世間《よのなか》を　憂《う》しとやさしと思へども
　飛び立ちかねつ　鳥にしあらねば

憶良は大宰府の貧しい民の立場に感情移入して「飛び立ちかねつ」と歌ったが、もちろん、じっさいの憶良は「旅たつ」のが可能であった。任期が満ちれば奈良の都へもどれるのだ。

だが、菅原道真はそうはいかない。たとえ任期が満ちても、平安京からは「大宰権帥の任期を延長する」と冷酷な指示があったはずだ。じっさいはどうであったかといえば、最初の任期も満たぬうちに病死してしまうのである。

道真が惨めな晩年を送り、寿命を終えたのは、いまは榎寺または榎社とよばれる大宰府の南館であった。大宰府の坊条でいうと西一坊の十一条にあたり、憶良が描写したほどではないとしても、南館がポツンとさびしくたっていたと想像される。

梅ヶ枝餅と道真の関係

観光案内のパンフレットに、太宰府天満宮の名物「梅《うめ》ヶ枝《え》餅」の説明が書いてあった。「米の粉で小豆餡《あずきあん》を包み、鉄製の型で挟《はさ》んで焼くだけだが、花の下で食べる焼き立ては実にうまい」

西鉄太宰府の駅で電車をおりると、すぐに天満宮の参道がはじまる。両側にたちならぶお店のほとんどで名物の梅ヶ枝餅が焼かれ、売られている。

大宰府の南館で粗末な暮らしをはじめた道真の命を奪おうと、藤原時平《ふじわらのときひら》の放った刺客《しかく》が襲ってきた。

危機一髪の間、とっさに逃れた道真はちかくの家にとびこんだ。そこは米や麦の麹《こうじ》をつくっている家で、おばあさんがいた。

「かくまってくれぬか。追われておる」

都から追われてきた身分の高いお公卿《くげ》さんだと知っていたのか、どうか、それはさておき、おばあさんは道真を麹づくりの「もろ臼《うす》」に入れて、上から、洗ったばかりの自分の腰巻きをかぶせた。

追手の武士はどかどかと家のなかに踏みこんできて家捜しをしたが、「もろ臼」のなかの道真には気づかず、出ていった。

そこへ、おばあさんの連れ合いのおじいさんがもどってきた。おばあさんが、これこれしかじかと道真をかくまった一件を説明すると、

「都の追手に追われている者なら、追い出さなくてはならん」

「なにをいいますか。罪もなく流されたばかりか、命を狙《ねら》われているお方、わたくしたちがお助けしなけば、どうなるか……」

言い争うところへ村のひとがやってきて、おばあさんの味方をし、おじいさんを非難した。それでもおじいさんは、褒美《ほうび》が欲しいばかりに武士の後を追っていって、あれこれと道真のことを密告したようだ。おじいさんは、それっきり、おばあさんのところには姿を

見せなくなった。

そのあとでも、おばあさんは、道真の貧しい暮らしをなにくれとなく世話してあげた。なかでも道真を喜ばせたのは、おばあさんがときどき手作りして差しあげたお餅だった。それがいま、太宰府天満宮の名物の「梅ヶ枝餅」になっている。

それからというもの、おばあさんは「もろ尼御前《あまごぜん》」とよばれて尊敬された。榎社の本殿のうしろのちいさな祠《ほこら》は「もろ尼御前」を祀《まつ》っている。榎社は道真の宿舎の跡でもあるが、道真の命と暮らしを守ったこの土地の誇りのしるしでもある。

榎社のちかくの権藤家は「もろ尼御前」の末裔《まつえい》の家といわれ、江戸時代には醬油づくりの麴を腐敗させない呪《まじな》いのお札を発行していたといわれる。権藤家には、もろ尼御前が道真をかくまった「もろ臼」の破片がのこっているそうだ。

このはなしは『太宰府　伝説の旅』（大隈和子）から転用させていただいた。「もろ臼」は「室臼―むろうす」と書いてもおなじことだろう。

菅原道真――天満天神と麴の関係は京都の北野《きたの》天満宮でも同様であった。

道真に付いて大宰府にくだったひとびとが道真の死後に帰京して、北野に道真の霊を祀って安楽寺天満宮と称していた。天満宮に奉仕するひとびとは「北野の神人」と称し、さまざまの商業の座の特権をあたえられた。

そのひとつが酒の麹の製造と売買を独占する特権であって、莫大な利益を得ていた時期があったという。

父・道真とともに大宰府に移った幼い子ども

道真には男女十四人の子があった。長子で大学頭《だいがくのかみ》の高視《たかみ》は土佐介に、式部丞《しきぶのじょう》の景行は駿河権介に、右衛門尉《うえもんのじょう》の寧茂は飛驒《ひだ》権守に左遷され、試験に合格して秀才になっていた敦茂《あつしげ》は播磨《はりま》へ配流《はいる》された。

道真の妻は京都にのこったが、幼い子は父とともに太宰府へ移ったといわれる。伝承によると、男の子は隈麿《くままろ》、女の子は紅姫という名だったそうだ。

大宰府の南館ではじまった流謫《るたく》の日々は辛苦《しんく》に満ちていた。かつかつ飢え死にしないだけのものはあるが、それよりもなによりも、幼いふたりの子と朝も夜もいっしょに過ごさなければならないのが辛かった。

京都の公卿である。しかも右大臣の要職にあった道真である、肉親とともに過ごす経験がすくなかったのが、いまは辛苦となって心身を苦しめる。庶民とはぜんぜん異なるのが公卿の家族関係であった。

ふたりの子は、どうであったのか？

世が世ならば母方の実家でそだてられ、たまに父の顔を見ることはあっても毎日のことではない、それが公卿の子というものだ。母の手から突然にきりはなされ、親しみの薄い父とともにはるばると筑前《ちくぜん》に連れてこられた子。

境遇の激変に戸惑《とまど》うことはあったろうが、そこは育ちざかりの子どもである、すぐに馴《な》れて、それぞれの暮らしのリズムを身につけていったのではなかろうか。

それを見ていて、なんというか、納得がいかないのが父の道真であったろう。

――わたくしの辛さを知らんとでもいうように、楽しく遊んでいる。流罪人と同様の父の子なんだよ、もうすこし悲しそうな顔をしてくれぬものかな！

――かれらは寂しいのだ、そうに決まっている！

ひとりで勝手に決めこんで――いたのだろうと推測する――「少《おさな》き男女を慰める」という詩をつくった。

衆《あまた》の姉は惣《すべ》て家に留れり

諸《もろもろ》の兄は多く謫《たく》せられ去《い》にぬ

少《おさな》き男と少き女とのみ
相随《したが》ひて相語ること得
晝は飡《ものく》ふに常に前に在り
夜は宿るにも處を同じくす
暗きに臨みては燈燭あり
寒きに當りては綿絮《めんじょ》あり

会話をしようと思えば誰かが側にいる、食べるものはいつも目の前にある、夜はおなじ部屋に寝る、暗くなれば明かりはある、寒いときに夜具がある。

ふたりきりで寂しいだろうが、おまえたちはまだ幸せなのだよ。おまえたちの父、わたくしは、そのむかし、哀れな境遇の子を見たことがある。その子の名は良臣というのだが、父が大納言の南淵年名《みなぶちのとしな》であったから、世間からは軽蔑して「南助」とよばれていたのだ。南淵の大納言が亡くなられたあと、西坂本の住まいは人手にわたり、息子の内蔵助《くらのすけ》良臣は零落《れいらく》して、とうとう博奕《ばくち》をして生きるほかなくなったのだ。

往《い》にし年　窮《せま》れる子を見たりき
京の中に迷ひて據を失へり

身を裸にして博奕をする者

道路　南助と呼べり

気の毒な娘さんを見たこともあるよ。着るものもなく、裸足《はだし》で街角をあるき、客をあつめて琴を弾いて聴かせていた。世間は彼女を「弁の御」とよんでいた。父親が弁官をつとめていたので「弁」、貴人《ひと》の娘や夫人には「御」の字をつけるから「弁の御」だ。

徒跣《かちはだし》にして琴を弾く者

閭巷《りよこう》　弁の御と称へり

その父はともに公卿にして

当時《そのかみ》　幾ばくか驕《おご》り倨《おご》れりし

昔は金《こがね》をも沙土《いさごつち》の如くなりき

今は飯にすら饜《あ》き飫《あ》くことなからむ

汝を彼らに思量するに

天感　はなはだしく寛恕《かんじょ》なり

「南助」と「弁の御」の父はどちらも公卿であって、威勢がよかったころにはたしかに驕《おご》り昂《たかぶ》ったところがあった。黄金を土砂とおなじに見做《みな》すといった感じであったよ。その子たちはいま、腹いっぱいの食事をとることさえままならぬ。

よいかね。かれらにくらべれば、おまえたちが天からうけている責め苦は、まだまだ軽いと思わなければならんな！

おまえたち、というのが実は道真自身であること、それはいうまでもない。

自分自身が原因で子どもたちは苦境にあって悲しんでいる――そのように決めてかかったうえで、「天はおまえたちを見捨てはしないよ。その証拠には……」というふうに筋をすすめてゆく。

榎社のちかくに隈麿の墓がたっている。隈麿は父よりも先に亡くなったのだそうだ。

紅姫のその後はわからないが、これまた伝承では、道真が亡くなったあと、兄の高視《たかみ》の世話をうけるために土佐へわたっていったという説もある。太宰府市立の南体育館のその南――ここはもう筑紫野《ちくしの》市だが――に紅姫の供養塔だという塔がたっている。紅姫もまた太宰府で亡くなったのかもしれない。隈麿の墓と紅姫の供養塔は歩いて数分の距離だ。

自らに外出を禁じた――「観世音寺の鐘は声だけを聴く」

衣食住の乏しさは、道真の覚悟していたところであったはずだ。

しかし、思うように外出がならない、この辛さはいうにいわれぬものであった。

いやいや、すこしぐらいの外出は可能であったのだろうが、おのれを監視する役人の迷惑をかんがえると、思うようには行動できるものではない。

――南館跡の住まいから一歩も出られないということにしておこう！

道真は、おのれの境遇を、こういうふうに規定したのだろうと思われる。役人の機嫌をうかがい、隙《すき》をみつけて外出するよりは、「われは外出を禁じられている」と自己規定するほうが耐えやすいはずだ。

一たび謫落せられて柴荊《さいけい》に在りてより
万死兢々《きょうきょう》たり　跼蹐《きょくせき》の情《こころ》
都府の楼には纔《わずか》に瓦《かわら》の色を看《み》る
観音寺にはただ鐘の音をのみ聴く
……（略）……
此の地《ところ》は身の撿繫《けんけい》せらるることなくとも
何すれぞ　寸歩も門を出て行かむ（『菅家後集』）

歯を食いしばって、「外へ出てゆくものか！」と頑張っている。それが前《さきの》右大臣、菅原道真なのである。

大宰府へ来ているのに観世音寺（観音寺）に参詣もしない、都府の楼をくぐりもしないとは異例だが、道真の場合、そうするわけにはいかない、はっきりした理由があった。

観音像への道真の深い想い

「門を出ず」と題した先の詩では、「都府の楼には纔《わずか》に瓦の色を看《み》る」と「観音寺にはただ鐘の音をのみ聴く」が対句になっている。

清水山普門院観世音寺――百済《くだら》を救援するために大和《やまと》の都から遠征した斉明《さいめい》天皇は、筑紫の朝倉橘広庭宮《あさくらたちばなのひろにわのみや》で没した。斉明天皇七年（六六一）のことだ。天皇に随行した皇太子の中大兄皇子《なかのおおえのおうじ》（のちの天智《てんじ》天皇）が女帝の菩提《ぼだい》をとむらうために発願して建立《こんりゅう》したのが観世音寺である。

造営事業は難航をきわめたが、天平十八年（七四六）にようやく完成し、大宰府の管内のすべての寺院を統括する権限をあたえられた。ちかくには筑前の国分寺や国分尼寺《こくぶんにじ》もあるが、それらの寺院をも統括下におくのが観世音寺である。

まもなく、西海道地方の僧尼に戒律をあたえる戒壇院《かいだんいん》が付属することになり、観世音寺

観世音寺の戒壇院　奈良時代に開山した寺で、九州の寺院のまとめ役だった

は奈良の東大寺《とうだいじ》、下野《しもつけ》の薬師寺《やくしじ》とならぶ「天下の三戒壇」となる。いまは戒壇院は独立の寺院となっているが、戦国時代の天文二十三年（一五五四）までは戒を授けていたのがわかっているという。

さて、創建のころの観世音寺には不空羂索《ふくうけんじやく》観音の立像（像高は五百十七センチ）のほかに聖観音、阿弥陀如来、脇士菩薩《わきじぼさつ》、四天王、十一面観音絵菩薩などの仏像があった。不空羂索観音像は康治《こうじ》二年（一一四三）に焼けてしまって現存のものは再建だが、道真が大宰府にいたころにはもちろん、初代の巨大な観音像があった。

道真というと「詩人」のイメージが強いので学問や宗教というと儒教専門、仏教や仏像には縁がなかったように錯覚しやすいが、そんなことはない。ないどころか、なかなか熱心な仏教信者であり、観音にたいしては特別に強い信仰を寄せていた。

道真の母の伴《とも》氏は元慶《がんぎよう》四年（八八〇）に六十九歳で亡くなるが、亡くなるまえ、道真に遺言したという。

「幼いころのおまえは病弱だったから、観音像をつくって祈った。おまえの今日の健康は観音さまのおかげです。わたしが死んだら、観音像を納めるお堂をたててお礼をしてください」

母の遺言は胸に深くしみこんでいた。

思いもかけぬ大宰府への左遷――屈辱にはちがいないが、噂《うわさ》に高い観世音寺の不空羂索観音のお姿を拝して、母に代わってお礼をもうしあげられると思ったのも束の間、幽閉にちかい境遇では参拝もままならない。

ではあるが、と道真はかんがえなおす。観世音寺の鐘の音だけでも聴こえるのは幸せといわねばなりますまい。鐘の音を通じて、母の感謝の気持ちをとどけるのも可能ではあるまいか。

そうかんがえてみると、天下の名高い観世音寺の鐘の音を、自分のような格別な立場で聴くのは希有《けう》な例に属すると思うべきなのではないか。

――われは格別な存在！

わるい気はしない。

――前右大臣の菅原道真よ。おまえは大宰府に左遷されたのを悲観しているようだが、まちがっていますよ。観音はあなたの正しさを知っております。さればこそ、ほら、聴こえるでしょう、わたしが鳴らす鐘の音の意味が――

ああ、と道真は悟る。不空羂索観音さまはわれを激励なさっておられる！

本康《もとやす》親王の死の衝撃を乗り越える

なんとしてでも都へもどる——道真の苦しい日々を支えたのはこの思いであった。流人《るにん》に変わらぬ境遇の大宰府の南館の暮らしに耐えられない、苦しい、だから都にもどりたいというよりは、あの悪辣《あくらつ》な藤原時平《ときひら》の思うがままに蹂躙《じゅうりん》されている——はずの——主上や朝廷のことが案じられ、だから帰京したいのである。帰京しなければならないのである。

そういう道真にとって、妻が亡くなったとの便りは辛いものがあったが、それにも増して胸をかきむしられたのは仁明《にんみよう》天皇の第五皇子の本康《もとやす》親王がお亡くなりになられたとの悲報であった。延喜《えんぎ》元年（九〇一）十二月十四日、大宰府南館の第一年もそろそろおわろうとしていた。

本康親王の生年は不詳だが、嘉祥《かしょう》元年（八四八）に元服したのがわかっている。道真と同世代であったろうか。八条宮と称して上野《こうずけ》太守や大宰帥、式部卿《しきぶのきょう》などを歴任した。聞香書の『八条宮梅花薫物合《たきものあわせ》』があり、好学の親王でもあって、道真も親しくしてもらった経験がある。親王が琴《こと》を弾じたときに詩を奉《たてまつ》ったこともある。

道真は本康親王に、皇室の元老として藤原時平の悪逆をおさえる役割を期待していたわけだ。

左遷される不幸のなかで、ともかくも今日まで生きながらえられたのは、おそらくは親王が、遠い都からこの辺陬《へんすう》の大宰府へ賜《たまわ》った温情のおかげであるにちがいない。その親王が亡くなったのは痛手だが、絶望するわけにはいかない。いまはともかく、親王を手厚く葬《ほうむ》り、本康親王に代わって天皇親政のために奮闘なさるお方の出現を待つしかないのだ。

配處は蒼天　最も極まれる西
温情は雲泥《うんでい》に阻まれることを見ざりき
……（略）……
元老は朝位に立つことなかるべし
林亭にはただ夜禽の棲むのみならず
世間　此れより琴聲断えぬ
獨り人の啼《な》くのみにあらず　鬼《き》も啼く
（『菅家後集』）

わたくしの帰京を待ちこがれる方が宮廷にはおいでにならない――そう思うと絶望が募《つの》

るばかりだが、道真の心境は反対であった。本康親王に熱い弔意《ちょうい》をささげるのが新しい勢力の出現をうながす、そういう展望をもっていた。

このまま大宰府で死んでしまうのがわが宿命なのである、なんていう絶望とはまったく無縁、それが道真の真骨頂である。

「かならず帰京する」思いでつくられた詩

菅原道真は悲運の政治家である。辺陬《へんすう》の地の大宰府でただただ望郷の想いに駆られ、しかし可能性の薄いことに絶望して、ついに亡くなった——。

こういうのが菅原道真の常識的なイメージだろうが、そろそろ見方を変えてもいいのではないか。

かならず帰京して、ふたたび廟堂《びょうどう》に立つ——この展望を一日たりとも失ったことはないのではないか。

雁《かり》が群れをなして東の空に飛んでゆく。それを見ていると、羨《うらや》ましく、悲しく、絶望する——とはならない。

——東へ北へ飛んでゆく雁よ。おまえを見ていると、わたくしの帰京の近いのが予告されているようで、嬉しくなるんだよ。ほんとうに、ありがとう！

そういう気分をこめてつくった――にちがいない――詩が「旅の雁を聞く」だ。

我は遷客《せんかく》なり　汝は来賓《らいひん》
共にこれ蕭　蕭《しょうしょう》として旅に漂《ただよわ》さるる身なり
枕を欹《そばだ》てて帰り去らむ日を思ひ量らふに
我は何れの歳とか知らむ　汝は明春

（『菅家後集』）

詩にあらわれた大宰府での生活

道真が大宰府でどのような生活を送っていたのか、よくわからない。他人が記述した資料がないからである。

だが、道真は流謫《るたく》の心境をたくさんの詩にあらわし、のこしている。その詩のなかに生活の様子をうかがわせる言葉がいくつかはある。抄録して参考としておく。

官舎三間　白き茅と茨と
方を開くこと窄《すぼ》くとも南北定まれり

宇《いえ》を結ぶこと疎《おろそ》かなりとも戸牖《こゆうよう》宜し
自然に屋に北窗の在るあり（「楽天が北窗の三友詩を詠む」）

官舎は柱の間が三間あるだけ、茅《かや》と茨《いばら》で屋根を葺《ふ》いた狭いものだが、南の庭、北の堂はしきたりどおりである。粗末ではあるが戸も窓もついている。書を読むにふさわしい北の窓もある。

恩賜の御衣はいまここに在り
捧げ持ちて日毎に余香《よきょう》を拝す（「九月十日」）

内裏《だいり》の清涼殿《せいりょうでん》で天皇の前で詩をつくったことがある。そのときに頂戴した恩賜の衣はいまここ大宰府の宿舎にある。毎日おしいただいて、御衣にのこる香を嗅《か》いでいる。

村翁　往時を談《かた》れば
客館に留連することを忘る（「叙意一百韻」）

宿舎のちかくに住んでいる老人がやってきて、あれこれと昔のことを語ってくれるから宿舎に住んでいるのを忘れることがある。

井《ゐ》堙《ふた》ぎて　沙《いさご》を　堆《うづたか》くして　甃《いしだた》む
籬《まがき》疎かにして　竹を割きて編む（「叙意一百韻」）

井戸は塞《ふさ》がっていたから、砂をもりあげ、甃《いらか》をめぐらせて補強した。屋根は破損していたので、竹を細く割って編んで補修した。

紙には生姜《しょうが》をつつみて薬種と称し
竹には昆布を籠《こ》めて斎《いもひ》の儲《もうけ》と記せり
妻子の飢寒の苦しびを言わず
これがために還りて愁へて　われを懊《なやま》し　悩《なやま》すなり（「家書を読む」）

京都から書と包みがとどいた。包みには生姜が入れてあり、薬用に、という。竹籠には昆布を入れて精進の食べ物にしてくださいと書いてある。わが留守を守る妻子が飢寒の苦しみをいわないのが、かえってわたしを懊悩《おうのう》させる。

青き膚《はだえ》の小き葉　白き牙《きば》の根
茅屋の前頭《まえ》に　近く軒に逼《せま》れり
布を将《も》て貿《か》へ来る　孀婦《そうふ》の宅
書を与えて要《もと》むることを得たり　老僧の園（「菊を種《う》う」）

青き膚の小さき葉、白き牙の根とは菊を形容した語である。道真は京都にいたころから菊を愛していた。

大宰府の宿舎のちかくに住む寡婦《かふ》と布を交換したり、たずねてきてくれた老僧に書をあたえて手に入れた菊を庭に植えていた。老僧がやってきたという一節で、宿舎の外の者が道真をたずねるのが厳禁されていたわけではないと推察できる。

朝朝《あさなあさな》　風の気勁《つよ》し
夜夜《よなよな》　雨の声さむし
老いにたる僕《しもべ》は　綿《わた》を要《もと》むること切なり
荒れにたる村に　炭を買うふこと難し
茅屋の破るることを愁《うれ》へず
ひとへに菊花の残《そこな》はれることを惜しむ
自《おの》ずからに年の豊稔《ほうねん》なることあれども
すべて口に叶う飡《くいもの》ぞ無き（「風雨」）

冬になった。老いたるわれは綿の衣類を欲しいのだが、まずしい村では綿も炭も買うのが困難だ。

ぼろ家は壊れてもかまわないが、菊の花が風雨で痛みはしないかと、それぱかりが気にかかる。豊作の年がないわけではないが、われの口に叶《かな》う食物は入手できない。

脂膏《あぶら》の先ず尽きて　風に因らず
殊に恨まくは　光の一夜《いっや》通《とお》すことなきことを
心を灰にせむことと述《あと》を晦《くら》まさんことを得ること難し
寒したる窓に起きて月の明らかなるうちに就く（「燈滅二絶」）

灯《ひ》が消えたのは風のためではない、灯油《とうゆ》がなくなったのだ。徹夜して書を読みたいのに灯油がなくて不可能、これがいちばん恨《うら》めしい。心を灰のようにして精神の活動を止めてしまえば、恨むこともない。世間から逃れてしまえば恨むこともない。だが、われは監禁の身の上、心を冷やすことも、行方を晦《くら》ますこともならぬ。

道真の絶筆の詩は「謫居春雪」と題したものである。苦悩と極寒に苛《さいな》まれるわが身をはげまし、ようやく延喜《えんぎ》三年（九〇三）の新年がやってきた。

春めく光景に心は躍ったが、本当の春の来るのを待たず、道真は二月二十五日に絶命した。

城《あづち》に盈《み》ち郭《くるわ》に溢《あふ》れて　幾ばくの梅花ぞ
なほしこれ風光の　早歳《そうさい》の華
雁の足に黏《ねや》かり将《ゐ》ては　帛《きぬ》を繋《か》けたるかと疑ふ

烏の頭《かしら》に点《さ》し著《つ》きては　家に帰らむことを思ふ

雁の足、烏の頭はどちらも中国の故事を引いて、悲痛な帰京の想いを託したものだ。

道真だけが愛用した「都府楼《とふろう》」という名称

西鉄電車の大牟田《おおむた》線で福岡（博多）から太宰府天満宮へゆくには「二日市」で太宰府線にのりかえる。「二日市」のひとつ福岡寄りが「都府楼《とふろう》前」駅である。すぐ南にJR鹿児島本線の「都府楼南」駅がある。

官庁として総称するには大宰府、官庁の建物をいうときには都府楼――おおざっぱにいってこう区別していいようだが、その都府楼という表現にも、菅原道真の苦しい配流《はいる》の生活の跡が観察できるのである。

大宰府とは日本の朝廷の官庁用語である。この用語で何の不足もないはずだが、格好をつけたい場合もある、尊敬の態度を強調したいときもあるというわけで、唐《とう》名がつかわれることがある。日本の官庁や役職を中国の用語にいいかえる、それが唐名である。征夷《せいい》大将軍の唐名を「大樹《たいじゅ》」といい、太政大臣や左大臣、右大臣を「相国《しょうこく》」といい、兵衛府《このえふ》を「武衛《ぶえい》」というのが唐名だ。

大宰府正殿跡に立つ「都督府跡」の石碑

大宰府の唐名は「都督府」である。「都督」とは「統《す》べ、率いる」意味だから「総合官庁」といった程度の表現である。「都府楼」は「都督府の建物」を簡略した表記とかんがえられる。

だが、「都府」の唐名がないわけではなかった。「みやこ」一般を「都府」ということもあったし、個別の役職としては節度使《せつどし》が「都府」とよばれた。唐代に地方に設置された軍団の司令官を節度使といい、「藩鎮《はんちん》」の呼称もあった。節度使――都府の役所は当然ながら「都府楼」とよばれる。

そういうわけで、大宰府の建物を「都府楼」と表記してもまったく問題はないが、道真以外のひとが「都府楼」をつかった例はみつからない。こちらのほうが問題である。

第四章

神になった最初の日本人

道真は神になった日本人の第一号

菅原道真の神号――神としての名――は天満大自在天神である。道真は神なのだ。天満大自在天神を略して天神さんとよばれる神さまなのだ。

天満宮はすべて道真を祀《まつ》っている。天神社のうちの少数は道真とは関係ないが、ほとんどの天神社は道真を祀っている。だが、道真を直接に祀るよりは、天満大自在天神という神を祀っているというのが正しい。

神社にはすべて祭神という霊的な存在がある。ちかごろ評判の高い京都の晴明《せいめい》神社の祭神は安倍《あべの》晴明だが、晴明は神になって祀られているわけではない。祭神として祀られてはいるが、晴明は神ではない。

晴明神社では神として扱われるが、晴明神社の外では神としては扱われないといえばわかりやすいだろうか。神になっている道真とは、そこが違う。

菅原道真とおなじ性格の神として、豊臣秀吉や徳川家康の実例がある。秀吉は豊国大明神として京都の豊国《とよくに》神社に、家康は東照大権現として日光《にっこう》の東照宮に祀られている。

こういうかたちの神は菅原道真が最初である。

「松崎天神縁起絵巻」にみる菅原道真　（山口県・防府天満宮蔵）

道真の天満天神だけが天神さまではない

神や仏の名称については、神や仏そのものはおなじなのに異なる名称があって、混乱させられる場合がある。

菅原道真の場合でも、神道《しんとう》と仏教のあいだで争奪戦のようなことがおこりうる。一条天皇が正式に承認したときの北野天満宮天神だけが正しい名であり、そのほかの天満大自在天神、大威徳天神《だいいとくてんじん》、日本太政《だじょう》威徳天、火雷火神などは仏教の側からことごとく付けた名にすぎない――といった批判が出てくる。

神道の神の名称も仏教の神の名称も、すべて信仰の対象であるかぎりは正しい――そういう立場をまもりたい。あなたが信じる神を、あなたが正しいと思う名で信仰する、それでよろしいではないかという姿勢でありたいと思う。

ちょっとずれるが、天神といっても道真の天満天神だけではないという、きわめて初歩的なこともかんがえておきたい。

京都を例にしていうと、弘法《こうぼう》大師空海《くうかい》がたてた五条天神という神社がある。弘法大師は道真より百年も前の時代に生きて活躍した僧だから、五条天神と菅原道真の天神さんとは関係がありえないのである。

平安京ができる、ずっと前からあった北白川の天神さんも道真とは関係のない天神さんだ。

「わたくしの遺骨は京都に返さないでほしい」

菅原道真は延喜《えんぎ》三年（九〇三）二月二十五日、大宰府の南館の住まいで五十九年の生涯を閉じた。

生きているあいだ、道真は帰京することを切望していた。だが、死後のことではまったく別の想いをいだいていたのである。道真は生前、死後について、味酒安行《うまさけやすゆき》にはっきりと遺言していた。

「偉人の遺骨は故郷にもどすのが普通だが、わたくしの遺骨は京都には返さないでもらいたい」

大宰府のような地方の役所で亡くなった高官の遺骨は京都にもどす、それがしきたりであった。だが道真は、そのようなしきたりに従おうとはしなかった。

京都から付いてきた味酒安行など、ごく少数の従者が道真の遺骸《いがい》を牛車《ぎっしゃ》にのせ、南館の東北に向かって進んでいった。御笠《みかさ》郡の四堂というところに来たとき、牛が動かなくなった。打っても叩いても牛が動かない。

――ご主人はこの地で永遠にお眠りになりたいということなのだ。

味酒安行はこう判断し、牛車から遺骸をおろして葬って墓とした。いま、太宰府天満宮とよばれている聖地のはじまりである。

大宰府の鬼門で邪気を遮ることに

道真の遺骸をのせた車が動かなくなったという御笠郡の「四堂」という土地の名には、なにかしら神秘な空気が感じられる。その神秘のちからが車を牽《ひ》く牛に通じて、車を止めたのではないか。

大宰府を基点としてかんがえると、この地は東北、つまり鬼門《きもん》にあたる。邪気が東北から侵入してくるのを遮《さえぎ》るために、いろいろと工夫を凝《こ》らしてあった。もともとは平城や平安の都の防衛のシステムなのだが、大宰府は都の分身だから、都とおなじように鬼門の邪気を祓《はら》う施設ができていた。

宝満山はふるくから山岳信仰の霊場とされていたし、山麓には大宰府を鎮護するのが役目の神竈《かまど》門神社や神宮寺がたてられ、三百七十をこえる僧坊があったそうだ。（恵良宏

（「安楽寺天満宮の草創」）

大宰府を鎮護する神は、菅原道真の霊にたいして、つぎのように依頼したのではなかろうか。

「どうか、いつまでもこの地にとどまって、邪悪なものから大宰府をお守りください！」

道真の霊も、味酒安行も、遺骸の車を牽いていた牛も、みんなが「それがいい！」と同感した。

生きていたうちは、いかに前右大臣の菅原道真といえども大宰府の守護に充分なちからは発揮できなかった。

だが、死んで霊となった道真のほうが、大宰府守護の威力ははるかに強力なのである。

そういうわけで、菅原道真の霊は大宰府にふみとどまり、西の都の大宰府を永遠に守護することになった。

京を襲った道真の怨霊

京都を中心にして中世の歴史をかんがえていると、怨霊《おんりよう》の問題を避けては通れない。

平城京には無縁だが、長岡京《ながおかきよう》や平安京とは不可分の関係にあるもの、それが怨霊であった。

怨霊の第一号は早良《さわら》親王の怨霊である。早良親王は異母兄の桓武《かんむ》天皇の皇太子であったが、長岡京の建設に反対し、謀叛《むほん》をたくらんだ疑いをかけられて皇太子の椅子からひきずりおろされ、抗議のために絶食して命を落とした。

桓武天皇はひるまずに長岡京の建設をつづけたが、早良親王の怨霊の祟《たた》りに耐えかね、逃げるようにして平安京への再度の遷都を断行したのである。

早良親王の怨霊を第一号として、平安京にはさまざまの怨霊が登場した。

怨霊となる霊は政争の敗北者にかぎられることがはっきりしている。

そして、地位の高い政治家の怨霊ほど祟りのちからが強いという原則のようなものがあった。

道真が没した延喜《えんぎ》三年（九〇三）から、京都では旱魃《かんばつ》と洪水がつづき、疫病《えきびょう》が猛威をふるった。高位高官の政治家がつぎつぎと不慮の死をとげる事件がつづき、延喜八年に藤原菅根《すがね》が、延喜九年に藤原時平《ときひら》が死んだころから、だれいうとなく、

——これは大宰権帥の怨霊の祟りではあるまいかな？

おそるおそる、不安を口にしないわけにはいかなくなった。

怨霊におびえる官人　「北野天神縁起絵巻」（兵庫県・三田天満神社蔵）

道真の左遷を撤回させようとして宇多《うだ》上皇が内裏にかけつけたが、それを阻止して内裏に入れなかったのが藤原菅根である。そして時平はいうまでもない、道真を追放した張本人だ。道真の怨霊がまっさきに狙うのは時平と菅根であると推測するのは京都の政界の、いわば常識であった。

延喜二十三年に醍醐《だいご》天皇の皇太子の保明《やすあきら》親王が二十三歳の若さで亡くなってしまう。もはや道真の怨霊の仕業《しわざ》であるのを疑うものはいなくなった。道真の大宰府左遷を決定したときの天皇が醍醐天皇であったのだ。

延喜二十三年から、菅原道真の霊は公然たる怨霊となり、あっちこっちに祟り、まもなく静かになる。道真のあとには怨霊は出現しなくなった。

京都の怨霊は早良親王からはじまって菅原道真まで、強烈な怨霊が八つあった。八所怨霊という数えかたもある。八所怨霊の最後、八番目の道真の怨霊が最も強烈であったのはいうまでもない。

そういうわけで、京都では菅原道真とか天神さまというと、まず怨霊である。『北野天神縁起絵巻』の、おそろしい落雷の場面の印象は強烈だ。宮中の清涼殿《せいりょうでん》に公卿があつまって旱魃《かんばつ》対策を協議しているところへ落雷があり、死者が出た、負傷者も出た。落雷は道真の怨霊そのものだとされたのである。

北野には道真と無関係の〝天神〟が祀られていた

京都の北野、このあたりは郊外の農業地と平安京の接点の地であり、天神地祇《ちぎ》を祀る聖地であった。

農業に欠かせない水――雨を左右するのは天神だとかんがえられており、多すぎず、少なすぎずの適量の雨を恵んでもらうために天神にたいする祈りが捧げられる聖地であった。この天神は、菅原道真とはなんの関係もない。天にあって、天の動きを統括《とうかつ》、左右している神、すなわち天神である。

遅くも元慶《がんぎょう》年中（八七七〜八八五）には北野で、豊作を願って天神を祀る秋の祭礼がおこなわれていた。延喜《えんぎ》四年（九〇四）にも北野の秋祭り――天神祭はおこなわれた記録がある。ということは、道真が太宰府で亡くなり、太宰府に葬られ、やがて「われを北野の右近馬場に祀れ」と託宣《たくせん》があったころ、京都の北野では天神祭がひきつづいておこなわれていたのである。

なにもないところへ、いきなり道真の霊が降臨したわけではない。天神が祀られている北野へ、道真の霊が「われを北野に祀れ」と託宣したのだ。もともと天神の側に、生前の名を菅原道真、神としての名を天満大自在天神という天神が新しくくわわった関係なのだ。新しい天神は個性をはっきりさせつつ活躍するという、まさに新しい神の性質をふりまいていた。延長《えんちょう》八年（九三〇）六月には、宮中の清涼殿の旱魃《かんばつ》対策会議の真っ最中に雷神となって降誕し、公卿を感電死、負傷させるという激しい活躍を見せた。

それまでの北野の天神の活躍をひとまとめにしたものと匹敵《ひってき》するほどの、派手な活躍である。北野の天神が道真の天神によって代表されたかのような事態になってきた。これが怨霊神としての天神道真である。

怨霊神から学問、文道の神へ

貞元《じようげん》元年（九七六）に北野の天満大自在天神にたいして、菅原氏の氏人が領知《りようち》することを許可する官符が発せられた。北野神社が菅原氏の氏神になったわけだ。（林屋辰三郎「天神信仰の遍歴」）

このときの官符に、「太宰府安楽寺の例に准じて」とあったのを記憶しておきたい。

永延《えいえん》元年（九八七）に北野社は勅祭の社となり、「天満天神」が勅号になって、勅使―

――北野使――の奉幣《ほうへい》をうけることになった。そして、北野使には菅原氏からえらばれるのが慣例になった。

この段階で、ほかの氏の氏神とは異なる性質が強調されてくる。菅原氏は儒学を家職とする家柄であり、偉大な儒学者であったがために政争の犠牲となった道真の末裔《まつえい》でもあることから、「北野社は儒学の社」といった見方が生じてきたのである。

道真の末裔たちは依然として儒学を家の職としており、家門は隆盛である。隆盛をささえる神、つまり学問の神、文道の神ということが強調されるにつれて、怨霊神の側面は希薄になってきた。

慶滋保胤《よししげのやすたね》や大江匡衡《おおえのまさひら》といった一流の学者が筆をそろえて、「天満天神の社前で文士があつまり、天神に詩を献じて文道の祖としたいものである」といった願いを披露《ひろう》した。

菅原氏の氏神であるよりは儒学、学問、文道の祖のほうが裾野が広い。裾野が広ければ社としての格も高くなる。怨霊神のままではこうはいかなかったはずだ。

道真はいつ「天満大自在天神」になったのか

太宰府天満宮は菅原道真の遺骸をほうむった墓所の上にたっている。

墓所だから、遺骸をおさめた棺《ひつぎ》がある。棺のことについて太宰府天満宮の宮司、西高辻信良さんが書かれた文章がある。

「道真の遺骸をおさめた霊柩《れいきゅう》は長さ三間、横一間半、高さ四尺ぐらいの石畳に囲まれて、上は粘土と石灰で漆喰《しっくい》にかためた中に鎮まっているという」(『太宰府天満宮』)

西高辻さんも「漆喰でかためた中」をご覧になったことはないようだ。代々の宮司に言い伝えられていることなのだろう。

石畳のそばに天満大自在天神と刻んだ石柱がたっている。西高辻さんによると、「神殿が炎上した際に、御墓の地をしめすためにたてられていたもの」だそうだ。

では、天満大自在天神とは、どのような性格の天神さんなのか。道真は、いつ、どのようないきさつで天満大自在天神になったのだろうか。

天満大自在天神の神号が最初に登場したのは、いつ、どこで、か?

太宰府天満宮の歴史をまとめて記述した記録のうち、もっとも古いのは『天満宮安楽寺草創日記』である。

そのなかに、つぎのような一節がある。

「御殿は延喜《えんぎ》五年乙丑八月十九日、安行《やすゆき》、承《うけたまわ》りて建立す」

延喜五年（九〇五）は道真が亡くなって二年後である。「天満宮」が「天満大自在天神」の省略だとしてよろしいはずだから、これを天満大自在天神の初登場であるとみるのである。

安行というのはもちろん味酒《うまさけ》安行、道真の門人である。大宰府まで道真のお供をしてゆき、暮らしをたすけ、道真の遺骸を埋葬し、その墓を聖域として安楽寺天満宮に発展させたひとだ。

「承りて」とは道真の霊の神託を安行が承ったということだ。神託のなかで天満大自在天神という神号が告げられたのだろう。はじめのうちは、それで済《す》んでいた。

道真の怨霊が京都で威力を発揮し、政治の世界をゆるがせるようになると、大宰府や安楽寺の関係者のあいだに、満足できない空気が生じてきたようだ。

天満大自在天神の神号の由来について、リアルな説明を欲するうごきが出てきた。味酒安行さんがうけた神託にその神号があったのだ、それでいいではないか、では済まなくなったらしい。

目に見えるかたち、絵画的手法による説明がこころみられた。絵画的手法の要《かなめ》になったのが大宰府の南にそびえる山である。道真がこの山にのぼり、天を拝し、天に訴えた結果として天満大自在天神の神号をさずけられた、というふうに説明された。この山には、いつのまにか天拝山という名がつくのである。

味酒安行の存在感が薄れて、かわりに、天拝山の比重が重くなってゆく。道真と天拝山の関係が軸になり、ここに、つぎの三つの要素がからんできて、天満大自在天神の神号をますます肥沃《ひよく》なものにしてゆく。

一、大宰帥として赴任してきた大江匡房。

二、『北野天神縁起』をはじめとする、いわゆる天神縁起のジャンルの絵画と文章。

三、江戸時代の初期の浄瑠璃《じようるり》と歌舞伎で圧倒的な人気をとった『菅原伝授手習鑑《すがわらでんじゆてならいかがみ》』。

このあいだに、仏教的色彩の濃厚な『日蔵夢記』（別名は『道賢上人冥土記』）がはさまってくるから、混乱させられることも多いのだ。

道真は天拝山にのぼって何を祈ったのか

天拝山は大宰府の南、標高二百五十八メートルである。山頂には道真が爪先立《つまさきだ》って天に訴えたという「おつま立ちの岩」がある。一九九一年に福岡県がたてた説明板にはつぎの文章が読める。

「昔は天判山ともいわれ、菅公（菅原道真）にちなむ古事をもつ山です。延喜二年（九〇二）菅公がこの山に登り、罪なきことを天に訴え、天神により、天満自在天神という神号を下されたといわれ……」

天満天神の絵巻物はたくさんの種類があるが、ほとんどの天神絵巻に「天拝山の図」は描かれている。たとえば「歓喜天霊験絵巻《かんきてんれいげんえまき》」に描かれている天拝山は先の尖《とが》った険しい山頂である。ここまで登るのも、登って立っているのも超人的なちからを必要とする感じだ。やがて神になることが予定されている道真でなければ真似はできない、といったような――。

道真は険しい山頂に立って、ひたすら天に祈る。その姿からは、もはや人間ではなく、神に近い印象をうけるのである。

天拝山山頂で「天満大自在天神」の神号をいただいた

天拝山における道真の祈りは、北野天神縁起の物語や絵巻によってひろく知られている。いろいろなタイプの天神縁起物語の基礎になったとされる『建保本・天神縁起』を読んでみよう。

「筑紫にいらっしゃいました間、御身に罪がない旨《むね》の告祭文をつくり、高山にのぼって七日間ほど天道に訴えもうされましたところ、祭文は次第に飛びのぼり、雲をかきわけ、はいっていってしまいました」

（生杉朝子訳）

無実を訴えた祭文が天にかけのぼり、雲のなかにはいって見えなくなったのはつまり、道真の訴えが天にとどいたしるしである。

このあとに、釈迦牟尼《しゃかむに》は低沙仏を賛嘆したので、本来なら百劫《ひゃくこう》の時間が必要なのに、一劫すくない九十九劫で弥勒菩薩《みろくぼさつ》よりも先に仏になられたという仏教の故事が紹介され、道真も同様に特別に扱われるであろうと予告される。

「菅丞相《かんしょうじょう》は現世の人の身でおられました時に七日七夜、天を仰いで、一身を顧みられることなく真心を尽くされて、ありがたくも新たに天満大自在天神とならせられました」

（丞相は大臣の別称）

——天満大自在天神とは仏さまだったというのか、仏教関係というのか、そういう世界の神だったのか！

いきなり釈迦牟尼が出てくるので驚いてしまうが、このころの日本は神仏習合が盛んな時期である、仏の世界で神が活躍し、神の世界のなかに仏の活動が見られるのは不思議でもなんでもなかった。

それはさておき、道真が天満大自在天神になったいきさつが、いつ、どのように人間の世に知られたのか、そのことをかんがえてみることにする。「北野天神縁起」の作者たちは道真が天満大自在天神になったいきさつを、どういうルートで知ったのか、ということでもある。

神秘で不思議な死後の物語『日蔵夢記』

大和《やまと》の金峯山《きんぷせん》椿山寺に道賢という僧がいた。のちに僧名を日蔵とあらためる。出身地は不詳だが、三善宿禰《みよしのすくね》を祖とする三善淡路守氏吉の子で、三善清行《きよつら》の弟だという説があるが、清行の八男の浄蔵の弟だとする説もある。清行の弟か子か、二説あって厄介《やっかい》だが、この三善清行も道真の生涯には深い関係がある。

日蔵は金峯山の椿山寺で剃髪《ていはつ》して苦行していたが、母が病床に臥《ふ》したのをきいて京都にもどり、東寺に僧籍をおいた。しかし、年に一度は金峯山での苦行を怠らなかった。天慶《てんぎょう》四年（九四一）、金峯山寺の洞窟で苦行していたが、発熱して息がとまり、冥土《めいど》に旅立った。しかし十三日目に蘇生《そせい》して、そのあいだに見た不思議な夢のはなしをまとめたもの、それが『日蔵夢記』である。息がとまるまでは道賢という僧名で、蘇生してから日蔵と名をあらためた。だから、『日蔵夢記』は『道賢上人冥土記』と紹介されることもある。

この『日蔵夢記』のなかに太政威徳天《だじょういとくてん》という天の神が出現して、日蔵と会話をかわす。太政威徳天とは日本の菅原道真が神になってからの名であると紹介される。

太政威徳天と天満大自在天神がおなじであるのはわかるが、だとすると、おなじ神に太政威徳天と天満大自在天神という別々の名がついているのはどういうわけなのかと、これがまた疑問になってくる。

この疑問を解くカギも『日蔵夢記』のなかに提出されているのだが、それはあとまわしにして、さきに『日蔵夢記』の粗筋《あらすじ》を追ってみよう。

道真と死後の世界で喋った日蔵上人

さて、日蔵が冥土で見た、不思議な夢のはなしの概略はつぎのとおりである。

釈迦牟尼仏の化身の蔵王菩薩《ざおうぼさつ》によって名を道賢から日蔵にあらためたとき、その場に五色の光明がさしこみ、蔵王菩薩は「ほら、見なされよ。あそこに日本太政威徳天《だじょういとくてん》がやってきた」とおっしゃった。

太政威徳天は十六万八千人もの眷属《けんぞく》（従者）をひきつれてやってきた。蔵王菩薩と一刻ばかりお話をなされてお帰りのとき、日蔵に目をとめ、「この僧に、わたくしの住む大威徳城を見せようかと思いますが」と菩薩の同意をもとめ、ゆるされた。

大威徳城につくと、威徳天は「わたくしはあなたの本国の菅原道真である」と名乗ったあと、日蔵と長い会話をかわすのである。

「わたくしは昔の怨《うら》みは忘れない。朝廷を悩まし、人民を痛め、国土を滅ぼそうとして日本太政威徳天となり、病気や災難の主となった。流す涙が洪水となって国を水没させ、そのあとに新しい国土をつくって、わたくしの住む城としようとした」

日本の国では普賢《ふげん》や龍猛らが密教を布教しており、威徳天自身も密教は信奉しているから怨みは薄れた。仏の化身や菩薩《ぼさつ》、行者《ぎようじや》たちが知力を尽くして威徳天の恨みを和らげようと祈願しているけれども、すべての怨みが消えるまでにはならない。威徳天に従う十六万八千の眷属の悪神が悪事をするのを、止めさせられもしない。

日蔵は驚いた。日本では上下こぞって菅原道真のことを「火雷天神」として、釈迦と同様に尊敬している。その道真は冥土では太政威徳天となり、怨みの固まりのような性格になっている。これは腑《ふ》に落ちない。

日蔵の不審にこたえて、威徳天は叫ぶ。

「いやいや、日本ではわたくしのことを大怨賊としている。だれも尊敬していない。先日のことだが、内裏を襲った火雷火気毒王というのはわたくしの従者のうちの第三の者である。成仏しないかぎり、わたくしが昔の悪心を忘れることはありえない。生前のわたくしの官位をいただく者があれば、かならず攻撃してやる」

そういったあと、威徳天は声を低くし、いくらかは落ちついた様子で、いった。

「しかし、日蔵上人よ。わたくしはあなたのために、ひとつの誓いを呈上します。もしもあなたを信じる者がいるなら、わたくしの言葉をつたえ、わたくしの像をつくって、わたくしの名を唱えさせなされよ。その者の願いは、かならず叶《かな》えられるであろう」

醍醐天皇の地獄での願い

太政威徳天にわかれて金峯山にもどると、蔵王菩薩《ざおうぼさつ》は災難の根源を見せるために、日蔵を都率天《とそつてん》へ派遣した。都率天で日蔵は、醍醐《だいご》天皇の皇子の保明《やすあきら》親王や藤原保忠《やすただ》が仏法を保護し、国家に忠義であったために楽しい時を過ごしているのを観察して、また金峯山にもどった。

金峯山にもどった日蔵は、こんどは地獄に派遣された。地獄の鉄窟苦所の粗末な小屋で苦しんでいる四人がいる。ひとりは腹と背を覆《おお》う衣服を着ているが、三人は裸《はだか》である。

「服を着ているのがあなたのお国の醍醐天皇で、ほかの三人は臣下です。君臣ともども責め苦をうけている」

日蔵の敬意をこめた挨拶《あいさつ》にこたえて、醍醐天皇は苦しげに口をひらいた。

「敬服は無用。冥土では生前に罪を犯さなかった者だけが王に値する、生前の地位に意味はない」

「陛下が生前に犯されたという罪は、いったいどのような……？」

「五つの大罪を犯した。わたしの即位や后妃《こうひ》のことで宇多《うだ》法皇を心痛させたのが第一、菅原道真の追放を決議したときに法皇を門の外に座らせて内裏にお入れもうさなかったのが第二、時平《ときひら》の讒言《ざんげん》を信じて菅原道真を追放したのが第三、長く天位におりながら仏事を怠ったのが第四、われを恨《うら》む道真の怨霊をしてわれ以外の者に苦しみをあたえたのが第五、そのほかの些細《ささい》な罪はかぞえきれない」

醍醐天皇は顔をあげて日蔵を凝視し、「朱雀《すざく》天皇につたえてもらいたいことがある」と訴えた。朱雀天皇は醍醐天皇の皇子である。

「この苦しみから救いだしてもらいたい。そして藤原忠平には、わたくしの為《ため》を思うなら一万本の卒塔婆《そとば》をたて、三千人を出家させて僧としてもらいたい。そして、わが皇子の保明親王が仏教に深く帰依《きえ》しているのは嬉しいと、このようにもつたえてくれ」

藤原忠平は時平の弟、朱雀天皇の叔父にあたる。兄の時平とはちがい、左遷された道真には好意的であった。時平が道真の怨霊《おんりよう》の祟りとも噂《うわさ》される若死にをとげたあと、次兄の仲平をこえて氏長者、摂政《せつしよう》、太政大臣、関白となった。道真の怨霊が神に祀《まつ》り上げられるについては、忠平と師輔《もろすけ》の父子の奮闘の結果によるところが多い。

日蔵に託された重要な使命

地獄の閻魔王に別れをつげたのと同時に、日蔵の身は金峯山にもどっていた。

「こんどは、満徳法主天のお城へ見学にゆきなさい」

「はあ……?」

「満徳法主天は日本金剛蔵王である」

「日本金剛……ですか」

釈然としないまま、日蔵の身は満徳城に飛んでいた。満徳城は静かで平穏、金銀づくりの正殿は光に満ちあふれていた。

「あなたのことは前から知っていた」

「お会いするのは、はじめてのはず……」

いぶかしげな表情の日蔵に、法主天はこれまでのいきさつをうちあける。満徳法主天とは、じつは宇多《うだ》法皇であったのだ。法皇は日蔵に重大な任務を任せるために、蔵王菩薩によって太政威徳天《いとくてん》に会わせ、都率天《とそつてん》を見学させ、いよいよ直接に使命をあたえようとして満徳法主天の城にまねいたのである。

「太政威徳天を知っておろうな」

「金峯山でお会いいたしました。威徳天は日本の菅原道真公でいらっしゃる」

「あの太政威徳天の、怨《うら》みゆえの悪行をやめさせたい、それが満徳法主天の悲願である。あなたは、われに代わって威徳天の怨みを和らげてさしあげねばならない。菅公は生前の怨みと福徳によって威徳天になった。その威徳は自在であり、他の諸天神に勝《まさ》っているから、ものごとを害するちからも諸天神より強力である」

「どのようにすれば、威徳天の怨みを和らげられるのでしょうか？」

満徳法主天は日蔵に、威徳天の霊を慰め、和らげる方策を指示した。日蔵が苦行をおこない、天祠をたてて太政威徳天を勧請し、これまでの咎《とが》を謝すること、などなど方策はまことに多種多岐にわたった。寺をたてて太政威徳天寺と名づけることも指示された。日蔵が満徳法主天に別れをつげ、金峯山にもどったのは息絶えてから十三日がすぎていた。こうして日蔵は、満徳法主天から授けられた重大な使命を果たすために現世に蘇生したのである。

道真を神にせよ

日蔵上人の冥土の記録は荒唐無稽《こうとうむけい》だといってしまえばそれまでだが、筋の展開には無視できないリアリティがある。

この記録が書かれたという天慶《てんぎょう》四年（九四一）は道真が亡くなって三十八年、かぞえきれない怪事件がおこっていた。

内裏《だいり》の清涼殿《せいりょうでん》に落雷し、会議をしていた公卿が感電して死んだ。負傷した公卿もいる。醍醐《だいご》天皇も病気となり、ついに譲位して亡くなった。

関東では平将門《たいらのまさかど》の乱がおこり、西海では藤原純友《ふじわらのすみとも》が瀬戸内《せとうち》海賊を大量に動員して官の物資をうばっていた。

頻発する怪事件に恐怖するひとびとは、これは菅原道真の怨霊の祟りにちがいないと解釈するほかに手がなかった。

そういう時期に日蔵上人の『夢記』が書かれ、京都に住んでいた多治比文子《たじひあやこ》と、近江の比良神宮の神官の息子の太郎丸に「われを神に祀れ」という道真の神託がくだった。

つまりこの時期は、道真の罪をゆるすだけでは何の解決にもならない、道真を神として祀るべきだという雰囲気がもりあがっていたのだ。『日蔵夢記』をリアルな物語として歓迎したのは、そういう空気であった。

さて、太政威徳天という天神は、どのような性格の天神であるのか？

満徳法主天（宇多法皇）は日蔵にたいし、「太政威徳天（道真）の威徳は自在である」と説明した。どんなことでも意のまま——自在——になるちからをもつ神、それが太政威徳天こと菅原道真だというわけだ。

そこで、自在という言葉、または観念に注目してインドの神をしらべてゆくと、大自在天という神にゆきあたる。

インドの天の神はそれこそ無数といっていいほど多数なのだが、そのなかで大自在天といえばバラモン教のシバ神（湿婆神）の摩醯首羅天《まけいしゅらてん》の異名である。

シバの神は万物創造の最高神だから、その能力は大自在である。

日本というか、京都の政界ではというか、菅原道真に最高位の神の大自在天になってもらわなければ困る事情があった。十六万八千という途方もなく多数の眷属が、それぞれの担当の悪事をはたらいている事実だ。

火雷火気毒王というのが道真の眷属としてはナンバー3であり、この悪王の気が醍醐天皇の体内に侵入して内臓を糜爛《びらん》させ、命をうばった。

法隆寺、東大寺や延暦寺が焼けたのも太政威徳天の眷属の仕業であり、山を崩し地を震わせ、城を壊し物を損《そこ》なう、これはみな威徳天の眷属の仕業だ。

威徳天は悪い眷属が悪事をはたらくのを抑制するちからをもってはいるが――だから大自在天である――なにせ眷属は十六万八千の多数である、全員には目がとどかない。

そこで、日本では、太政威徳天を天から勧請《かんじょう》し、地に降りてきていただく必要がおこってきた。天よりも地上のほうが、おびただしい数の眷属の行為に目がとどきやすく、それだけ眷属が悪行をはたらくチャンスは減るという計算だ。

左遷の事実を「なかった」ことにする

道真が亡くなって二十年がすぎた延喜《えんぎ》二十三年（九二三）四月、朝廷は道真を右大臣に復帰させ、正二位を追贈《ついぞう》し、道真を大宰権帥に左遷した延喜元年正月二十五日づけの詔書を破棄した。道真が大宰権帥に左遷された事実は「なかった」ことになった。さらに改元して、この年を延長元年とした。

道真が大宰権帥に左遷された事実は「なかった」ことになったのだから、道真が怨霊になって祟《たた》ることはありえない、あってはならないというわけだ。

大宰権帥に左遷されたときに道真は従二位だったから、一段階の昇進ということになった。道真の名誉が回復された理由として、間接的には、いわゆる「菅帥《かんのそち》の霊魂宿忿」による災害が止まることを知らぬ状況があり、直接的には三月に皇太子の保明《やすあきら》親王が亡くなったことが影響しているのだろう。

それから十八年がすぎて、道真に太政威徳天の神号をつけた『日蔵夢記』が出現した。これは、道真にたいする贈位や昇格が正一位太政大臣までいかなければ承知しないぞという脅迫の予告のようなものであったろう。

脅迫したのがだれ、脅迫されたのがだれという関係がはっきりするわけはない。あえていえば、道真の怨霊の祟りがやまないことに困惑しきっている民衆の世論が朝廷にたいして、「なんとかしてくれ!」と脅迫がましく要求したということになろうか。

京都における道真関係の動きを、もうすこし追跡しておこう。天暦《てんりやく》年間(九四七~九五七)に北野の右近馬場に道真を祀《まつ》る神社ができた。

天徳三年(九五九)、藤原忠平の子の師輔《もろすけ》によって北野の神殿が増築され、永延《えいえん》元年(九八七)には一条天皇によってはじめて官幣が捧げられた。このときの宣命《せんみよう》に「北野に坐《ま》します天満宮天神」と書いてあったから、道真の神としての名は天満天神、北野の神社の名は天満宮になった。

正暦《しようりやく》四年(九九三)五月、道真にたいして正一位・左大臣が贈られた。だが、左大臣では満足してもらえないという懸念があったわけだろう、この年の閏《うるう》十月、ついに太政大臣が贈られた。金峯山の日蔵上人が『夢記』で予告した太政威徳天の名は五十年以上もすぎてからようやく実現したのである。

神童・大江匡房《おおえのまさふさ》の存在

学問を得意とする大江という公卿《くぎよう》があった。道真との関係では匡房《まさふさ》が重要な役割をはたす。匡房のひいじいさんは大江匡衡《まさひら》、その夫人の赤染衛門《あかぞめえもん》は女流歌人として有名だ。『栄華《えいが》物語』の作者ではないかともいわれる。

大江家の先祖のうちで名のあるのは、まず大江音人《おとんど》である。音人は平城《へいぜい》天皇の曾孫にあたる。桓武《かんむ》天皇は奈良から山城《やましろ》国の長岡京や平安京に遷都したが、奈良に再遷都しようとするうごきは絶えず、その旗標《はたじるし》にかかげられたのが桓武のつぎの平城天皇であった。だから、平城天皇の曾孫の音人の、政治家としての生涯が順風満帆というわけにはいかなかったが、それでも参議にまでのぼった。それまでは姓を大枝と称していたが、音人が大江とあらためた。

音人は菅原清公《きよぎみ》にまなんだ。清公は菅原道真の祖父であり、文章博士《もんじようはかせ》として文章院を創設した。この文章院に大江音人はまなんだのである。菅原家と大江家のつながりが学問を媒介としてはじまったのを記憶していただきたい。

音人から七代目が匡房だ。長久《ちようきゆう》二年（一〇四一）の生まれ、菅原道真が大宰府の南館で没してから百三十八年の時間がすぎている。

匡房が生まれたのは、文芸と学問の復興の時期であったと評価されている。幼少教育をほどこされ、十一歳のときにはじめて詩をつくった。道真がはじめて詩をつくったのも十一歳だとされている。偶然の一致にすぎないけれども、世間が匡房を神童、秀才と誉《ほ》めそやすときには天満大自在天神の道真が連想されるのである。

文章得業生になったのが十六歳だ。道真でさえ十八歳の年のことであり、それでも「若すぎる」と世間を驚かせたのだから、匡房の学力はただものではない。文章得業生とは国家試験の最高段階の方略試を受験できる有資格者ということだが、現代の受験浪人に似た存在ではなく、身分の半分はすでに官僚なのである。

二十七歳のときに、皇太子尊仁《たかひと》親王の学士になった。現代でいうと皇太子の学術顧問兼広報担当といった役どころである。最初の仕事は皇太子が曲水《きよくすい》の詩の宴を主催したときに出題し、講師の役をつとめた。いつの日にか大宰大弐《だざいのだいに》となり、太宰府の安楽寺天満宮で曲水宴を主催する立場になるのを、匡房は予想したであろうか。

一年後に尊仁親王が践祚《せんそ》して天皇になったのにつれ（後三条《ごさんじよう》天皇）、匡房は蔵人《くろうど》から中《なか》務《つかさ》大輔、左衛門権佐、右少弁へと昇進をつづける。新しく皇太子になった貞仁親王の学士も兼任した。

この貞仁親王が後三条天皇のあとに践祚して白河《しらかわ》天皇となる。白河天皇といえば貴族の荘園所有に厳しい制限をくわえ、天皇親政つまり天皇みずから政治をおこなうという大改革を断行したことで有名だ。譲位したあとは堀河《ほりかわ》、鳥羽《とば》、崇徳《すとく》の幼少天皇三代の後見として院政を開始し、藤原氏の政治介入を抑制しようとした。

朝廷の政治の仕組みを大きく変えた白河天皇の皇太子の時代に、側近役をつとめた、これが大江匡房のその後の官僚人生にどれほど有利にはたらくか、想像に難くない。

菅原道真を敬慕する大江匡房

承徳《じょうとく》元年（一〇九七）、大江匡房《おおえのまさふさ》は権中納言をそのままに大宰権帥《だざいのごんのそち》を兼任することになった。このとき五十七歳、相当の高齢のように思えるが、匡房の先任者の大納言　源経信《みなもとのつねのぶ》が八十二歳で亡くなったのをかんがえると、希有《けう》なこととはいえない。平安時代にも高齢で現役をつとめた役人はすくなくなかったのである。

大江匡房は菅原道真を手本として敬慕し、道真のようになりたいと願って学問に精進して、とうとう道真と自分とを重ねられるところまでやってきた。

道真と匡房の重なり、それはなかなか意味深長なものだ。まず、ただひたすら学問の道に励んだ結果として、今日現在の栄誉にかがやいたという誇りがある。この点を強調することで、同時代の他の官僚仲間は駆け引きや巧言令色《こうげんれいしょく》だけで出世しているのだと、暗に批判して差をつけている。

道真を手本として精進したのが今日の栄誉につながったのを、ほかならぬ道真――天満大自在天神も照覧《しょうらん》なさっておられるにちがいない。ということはつまり、

――わたくし大江匡房は、やがては神に近づく、その一歩手前まで到達しているのですぞ！

この感情を言葉にすればなんとも傲慢《ごうまん》なものになるが、匡房としては、自分ほど道真を敬慕してきた学者はいないという自負、自信がある。大宰権帥に任命されたのをきっかけに、匡房の道真敬慕と表彰には一段と拍車がかかる。

道真の天拝山登山を初めてイメージした男

母が亡くなったので一年間の喪《も》に服し、匡房《まさふさ》は大宰府へ赴任した。権帥の政務をおこなう余暇、大宰府の周辺を探索して道真ゆかりの古跡の空気を思う存分に吸ったはずだ。

匡房が大宰府に滞在していたのは承徳《じょうとく》二年（一〇九八）から康和《こうわ》四年（一一〇二）である。承久本『北野天神縁起絵巻』はもちろんのこと、建久本や建保本の天神縁起も世の中に姿を見せていない時期であったのを確認していただきたい。

そういう時期、道真を敬慕する点では人後に落ちない大江匡房が大宰権帥としてやってきて、大宰府政庁の南にそびえる天拝山を見上げた。そのときの匡房の心境を推測してみると、

――菅師さまはあの山にのぼって天にちかづき、無実の罪で左遷されたことを天の神に訴えられたのではなかろうか？

匡房はこのころ、菅原道真をというか、天満大自在天神をというか、「聖廟《せいびょう》」という言葉をつかって表現している。道真の墓、つまり安楽寺天満宮のことではなく、道真を「聖廟」と尊称しているのである。

――生身のおからだの菅師さまは南館から外へお出にはなれなかったそうだが、生きながら聖廟になられていたとかんがえれば――。

山にのぼって天に無実を訴えるのは可能である、いや、おのぼりになったとして、さしつかえない。

匡房はある日、つぎのような光景を頭にうかべて、メモした。

「聖廟、むかし西府において無罪の祭文を造り、山において訴えしに、祭文ようやく天に飛び上がれり」（『江談抄《ごうだんしょう》』）

「山において」のつぎに細字で「山の名、尋ぬべし」と書きこみをしているから、このときはまだ山の名を知らなかったのだ。

道真が山にのぼったのは事実か、どうか、それは詮索《せんさく》しなくてかまわない。大江匡房がこのメモを書くまで、世間には――太宰府でも京都でも――道真の登山のこと、山頂で天に訴えたことは話題になっていなかった。匡房が太宰府に来て山を見上げたことではじめて、道真が山にのぼって天に訴えたイメージができあがったのだ。

道真が亡くなってからそろそろ二百年になろうとしている。二百年のあいだに、道真が山にのぼる場面をイメージした人物がいなかったのは不思議に思われるかもしれない。だが、それこそ逆に、匡房の道真敬慕の念が他のだれよりも強烈だったしるしだ。

あの山にのぼらずにはいられない。だから匡房は、道真が登山して天に訴えた光景をつくり、文章にした。それにちがいない。

荒唐無稽の幻想にすぎないではないか、といって否定しても、なにもはじまらない。京都から左遷されてきた前右大臣の道真が南館の粗末な建物に住んでいて、そのまた南に天拝山がそびえている――道真の天拝山登山の伝承がうまれないほうがおかしいのである。

大江匡房が京都への通信に書いてやるか、帰京してから太宰府の土産ばなしとして知人に語っているうちに、京都においても道真の天拝山登山は事実としてうけとられていったのだろう。

「天満」という言葉の真の意味

——わたくしが無実であることを、天に訴える！

悲壮な決意を表情にあらわして、一歩、また一歩と天拝山にのぼってゆく道真——下から見上げる視界いっぱいに道真の姿がひろがる、まるで「天に満ちる」ように。

大宰府のひとびとは、菅原道真は四堂の墓所に葬られているのを知っている。京都からお供をしてきた味酒安行をはじめ、道真を慕うひとたちが墓所をまもっているのもわかっている。

だが、それでは物足りないのである。

生きていてほしい。

死んでしまった道真に「生きていてほしい」と願うのは無理なはなしだが、この世や地上では無理であっても、天空ならば、あるいは可能かもしれない。

——あの天拝山へおのぼりになって、そのまま降りてこられない、ということになれば道真さまは永遠にここ太宰府におられるわけだ。

これが天満というイメージの発生であったろう。大自在天神にたいする尊称形容詞として冠せられた言葉、それが天満という言葉であったはずだ。

やがて、天神縁起の物語や絵巻によって天満の名称が根づいてくる。ついに一条天皇の宣命にとりいれられ、正式の神と神社の名になった。正式の、とは朝廷から承認された神と神社ということだ。

人間が神になるには画期的な節目が必要

菅原道真は太宰府の天拝山にのぼって、天満大自在天神の号をいただいた。

天拝山にのぼったから、それですぐに天神になったとはいえない。天拝山にのぼれば天神になるという原則があるなら、いまごろ太宰府の町には天神さまがあふれていて、太宰府市役所は、天神さまをお世話するのに忙しくて仕方がない状況になっているはずだ。

だが、もしも道真が天拝山にのぼらなかったとすると、天神にならなかったかもしれない可能性が多くなる。人間が神になるのは容易なことではないのだから、なにか画期的な節目が必要なのである。道真の場合、それは天拝山への登山だった。

登山しただけでは条件は満たされない。道真の天拝山登山の意味を整理し、強調して世間にひろめてゆく作業が必要だ。

この作業をするひとは多数である必要はない。あんまり数が多いと「ただの噂にすぎない」というわけで世間の信用をうしないかねない。少数で、世間の信用が高く、「あのお方がおっしゃるなら……」という空気のなかで道真の天拝山登山の意味が強調され、ひろまってゆく。

大宰権帥として赴任していた大江匡房はまさに適任者であり、いわゆる文化人政治家の大物であった。道真の天拝山登山の意味を強調して世間にひろめてゆき、道真が天神になってゆくいきさつに深く関係していた第一人者は匡房だといってさしつかえない。

だが、匡房ひとりではなかったはずだ。

京都と大宰府のあいだには官人の往来という太いパイプがあった。「西の都」といわれるほど重要な役所の大宰府である、高級官人の、それも少なくない数の官人が公務をおびて往来している。

大宰府の政務を遂行《すいこう》するうえでは、菅原道真の配流《はいる》は何の障害にもならなかった。もちろん、プラスにもならない。だから道真の死も大宰府の政務には何らかかわることなく、冷静に処理された。道真の遺骸を葬った墓所が墓地以上のものとして神聖視されることもなかった。あくまでも、はじめのうちは、との限定づきのことだが。

秦の始皇帝に擬せられた道真

大江匡房より先に菅原平忠《すがわらのひらただ》という人物が安楽寺の別当《べっとう》として太宰府へやってきた。道真没後四十四年、天暦《てんりやく》元年（九四七）のことである。

道真の墓所は安楽寺とよばれていた。道真の墓所になるまえから安楽寺という寺があったとする説もあるが、ともかく、安楽寺は道真の墓所である。

その寺の別当として、道真の直系の孫の平忠が京都からやってきた。平忠は菅原氏の氏の長者の菅原高視《たかみ》によって安楽寺別当に補任されたのだが、もちろん、朝廷の同意も得ているのである。

平忠の背後には朝廷の威令がある。いまは亡き道真の名誉を大いに称揚してさしつかえないという朝廷の意向がある。菅原平忠をむかえた大宰府の官人たちは、

——そういうことなら、ひとつ、やりましょうか！

張り切ったにちがいない。

官人たちは儒教、儒学の知識がある。儒学の知識は中国の歴史と文化、文明を土壌としている。そういう官人が大宰府の政庁から南を見ると、天拝山の屹立《きつりつ》する姿がある。となればもう、道真は天拝山にのぼるしかないのである。

中国では、天子や皇帝は泰山《たいざん》にのぼって封禅《ほうぜん》の式をおこなうものだという神聖な伝統がある。つまり、偉大なる人物、美しい姿の山岳、危機と不安になやまされている社会――この三条件がそろえば、偉大なる人物は山にのぼらなければならない。

泰山とは中国の山東省の名山である。天子や皇帝は泰山にのぼって天の神を祀るものだという伝説があった。

紀元前二二一年にはじめて中国を統一し、秦《しん》の王朝をたてたのが始皇帝《しこうてい》だ。始皇帝は時をおかずに国内の巡察旅行をはじめ、山東省の泰山にのぼって封禅の儀式をおこなった。

泰山の頂上に土をもりあげて壇とし、ここに天の神を祀る、これが封である。泰山の麓の梁父という小山の上の土を削って地の神を祀る、これが禅である。（日比野丈夫責任編集『中国文明の歴史――③秦漢帝国』）

菅原道真は始皇帝に擬せられた。これだけでもものすごいが、もっとすごいことに、道真は天神になってしまった。あくまで人間のレベルに停滞した始皇帝を超えたのである。

歌舞伎や文楽でも道真は天拝山にのぼる

魅力あふれる天神さんがドラマに登場しないはずはない。延享《えんきょう》三年（一七四六）に大坂の竹本座で初演された人形浄瑠璃《じょうるり》（文楽）の『菅原伝授手習鑑《すがわらでんじゅてならいかがみ》』は道真が天神になるまでの奮戦苦闘を描いて、大評判をとった。竹田出雲、並木千柳、三好松洛、竹田小出雲の合作浄瑠璃である。まもなく歌舞伎にも導入され、『仮名手本忠臣蔵』『義経千本桜』とならぶ三大長編となっている。

第一幕から第七幕までの全部を上演するのを「通し狂言」というが、「通し」と称しているときでも、いくつかの幕が省略される場合が少なくない。第七幕は「筑紫《つくし》配所の場」「安楽寺の場」「天拝山《てんぱいざん》の場」の三場で構成されているが、七幕すべてがカットされることが多い。舞台の仕掛けが大規模なところが、省略される理由だろうと思われる。

道真の天拝山登山というクライマックスをふくめて、まずは第七幕をまとめて観覧しよう。

道真が放し飼いの牛にのって登場する理由

『菅原伝授手習鑑』の第七幕は、道真の命を狙《ねら》う刺客《しかく》の登場ではじまる。この刺客はもちろん京都から藤原時平《ふじわらのときひら》が派遣したものだ。ついでながら、ドラマでは時平を「ときひら」ではなくて「しへい」と発音する約束になっている。

漁師に化けた刺客が三人、浜辺で密議をこらしているところへ、こちらも油断のない道真の家来が登場して立ち合いになる。

京都からの刺客は道真の家来を難なく討ち取り、前途に不安をいだかせてから舞台が一変、菜の花が一面に咲きほこる筑紫の太宰府の田園風景がひろがる。

道真――ドラマでは「菅丞相―かんしょうじょう」――が野飼いの牛にのって登場する。野飼いとは放し飼いの牛である。

天神さんといえば牛である。天満宮の境内には、かならずといっていいくらい牛の像が鎮座している。頭痛もちのひとは牛の頭を、手足の痛みになやまされているひとは牛の足をなでれば、たちまち痛みは去るという伝承がある。

道真の生涯の、どこに牛が登場するのかというと死の直後である。大宰府の南館で死んだ道真の遺骸は牛の牽《ひ》く車にのせられ、東北をめざして出発した。だが、四堂という土地にくると車が動かなくなった。引けども押せども、牛は大地にふんばって一歩も動こうとしない。

――権帥さまは、この地で永遠の眠りにおつきになりたいのだ。

味酒安行《うまさけやすゆき》がこう判断して、遺骸を葬った。これがまもなく安楽寺、または安楽寺天満宮となり、いまは太宰府天満宮といわれる。

菅原道真の死と、墓所の場所の決定されるいきさつを、牛が象徴している。

だが、ドラマがいよいよクライマックスをむかえようというときに、主役の道真が死んでいては具合が悪い。だから舞台を田園に設定し、野飼いの牛の背にのって道真が登場する筋書きにした。

牛の背にのってはいても、道真は死んではいない。死んではいないが、これからいよいよ道真は死ぬのだということが、ほかならぬ牛によって予告されている。

菅原道真をのせる大役をはたす牛である、ただの牛であるはずがない。牛のなかの牛とでもいうべきほどに優秀な牛であることを、道真の従者の白太夫《しらたゆう》が力説する。

京都から道真に随行してきた従者は味酒安行であるが、ドラマでは白太夫の名で登場する。

安楽寺へ参詣し、梅の木の不思議に驚く

心もやすらぐ筑紫《つくし》の春の田園のなか、牛の背にのって道真がめざすのは安楽寺である。帰京の許可が出るように安楽寺へお参りなさるのですかと白太夫に問われ、道真は否定する。

「道真は犯せる罪なければ、仏に苦労かけたてまつり、身の上、祈る所存《しょぞん》なし」

仏によって救ってもらえる罪は犯していない、だから仏に祈るつもりはない。讒言者《ざんげん》の仕業《しわざ》によって道真は今日の不遇に落とされている。その事実を天子がおわかりになれば、おのずから帰京のご命令もくるであろう。今日、安楽寺への参詣を思い立ったのはほかでもない、不思議な夢を見たからだ。

なつかしい都の、わが屋敷の庭の梅の木はいまが盛りのはず。恋しさのあまり、硯《すずり》を取り寄せ、筆にまかせて——

東風《こち》ふかば　においおこせよ　梅の花
あるじなしとて　春な　忘れそ

こころを述べてまどろんだところ、天童が枕辺にあらわれ、お告げになられた。

「なんじの憐憫《れんびん》のこころと忠義の思いは、こころなき草木にまで通じた。花は口をきかね

ども、その験《げん》はあらわれておる。安楽寺へ参ってみよ、とな。この示現《じげん》をうけたゆえに、安楽寺へ参るのじゃ」

牛をすすめると、むこうから安楽寺の僧が三方《さんぼう》に梅花一枝をのせて、やってくる。

「おお、どちらへゆかれる。わたくしは、貴僧に逢《あ》いたいがゆえに……」

「おお、おお。拙僧こそ、公にお逢いいたしたく……」

安楽寺の僧もまた昨夜、不思議な夢のお告げをうけた。「丞相《しようじよう》（大臣）の愛する梅の枝をご覧に入れよ」との不思議な示現である。

そもそも安楽寺には、梅の木などは生えていない。それでも、「観音堂の左に」との示現であったので、念のためにと観音堂へ行ってみたら、昨夜まではなかった見事な梅の木が生えている。さては、これこそ示現の梅の木なり、すぐにも丞相さまにお目にかけましょうと——

そろって安楽寺へ行ってみると、僧のいうとおり、見事な梅の木が生えている。梅の香りがあたりにただよい、まるで袖に梅香を薫《た》きしめたかのようである。

菅丞相「都に残せし我が愛樹、梅の一木に相違はござらぬ」

白太夫「モシ、神仏の告げは争われぬものでござりまする」

「東風ふかば………」と刻まれた太宰府天満宮に立つ菅公詩碑

住僧「実《げ》にや、非道の草木だに、丞相の跡を慕い飛び来たりしものやらん」

よろこんでいるところへ、寺の外で、わいわいという騒ぎの音がする。時平が派遣した刺客と、白太夫の息子の梅王丸が斬り合いながらやってきたのである。

梅王丸は刺客を押し伏せ、藤原時平が丞相を亡きものとするために刺客を派遣してきたのを察知して、「ただいまご覧の始末」と丞相や父に告げる。

押し伏せられた刺客は、腹だちまぎれ、主人の時平の謀叛《むほん》の企みをのこらず披露してしまう。天皇そのほか重臣は在《あ》って無きがごとし、謀叛は容易だが、もしも丞相が大宰府からもどってくると謀叛は水の泡になる。まずさきに丞相の命をうばうのが肝要というわけで自分が刺客として派遣されてきた、云々。

無礼きわまる刺客の打ち明けばなしに、丞相はおのれが無力であることに苛《さいな》まれる。皇室に危機が迫っているというのに、わが身は遠い大宰府にいて、なんの手も打てないのである。

昨夜のうちに生えたという梅の枝を手にもって、あまりの無情にうちひしがれる。

「草木に心はないというが、情けをかけたわれを慕って筑紫《つくし》まで来た有情の飛梅。飛梅にくらべて、われの無力はなんとしたことだ。君の大事を目の前にしながら、参内して奏聞《そうもん》することもできぬ。梅花にも劣るわが身、むなしくここに朽ちはてて、末代まで不忠の名をのこすのか！」

手にもった梅の枝が思わず刺客の首筋にあたると、刺客の首がポトリと前に落ちる。この瞬間、ドラマのテーマは「静」から「動」へ一転する。

形勢大逆転、必死の妙案

首が落ちたのを見て、丞相《しょうじょう》は悟る、いまや自分は「静」ではなくて「動」のテーマを演じなければならないのを。

〽柔和の形相《ぎょうそう》たちまち替わる、御眼尻に血をそそぎ、眉毛《まゆげ》逆立ち御憤り、都の方をにらみ詰め、物狂わしく立ちたまえり。

道真の形相が一変したのを見て、安楽寺の僧と白太夫がそれぞれ質問をかける。どちらの質問も深刻である。

住僧「知れてある時平が工《たくらみ》、今お聞きなされしかなんぞのように、ついぞ覚えぬ御顔色」

白太夫「たとえここからにらましゃっても都の方へは届きませぬ。御持病の障《さわ》りになりましてはいかが、モシ」

時平が謀叛を企てるぐらいは、とっくに承知のはずの丞相である。それが、いまはじめて気づいたかのように身体を震わせて興奮しているのが僧としては奇妙でならない。

だが、僧は錯覚している。丞相は、時平の謀叛の企てを知ったから興奮しているのではない。行動の時がやってきたこと、それを自分が咄嗟《とっさ》に理解して、行動する心理の態勢になっていることの発見、それゆえに身体が震え、興奮している。

白太夫の質問はなおさらに深刻で、ポイントを衝《つ》いている。白太夫のいうとおり、いくら強い視線で睨《にら》んだとて都には届かない。時平の一派を動揺させることにもならない。つまり白太夫の質問は「丞相さま、睨んでも無駄でございますよ」と指摘することで、じつは「あなたご自身が都へ飛んでおゆきになればよろしいではございませんか」と示唆《しさ》している。

都へ飛んでいって、時平一派の謀叛の企みを退治する――それができないとわかっているから、ついさっきまで丞相はおのれの無情と無力に苛《さいな》まれていた。

だが、いまはもう、ちがうのである。都へ、飛んでゆけばいい。

飛梅が手本をしめしてくれた。あのようにおのれも、都へ、飛んでゆけばいい。

だが、どのようにして飛ぶのか？

僧と白太夫と観客へ、丞相は飛行の方法を知らせてくれる。

「かばねは虚命こうむるとも、死したるのちは憚《はばか》りなし。霊魂帝土《ていど》（天子の統治する土地）へ立ち帰り、帝《みかど》を守護したてまつらん！」

虚命とは無実の罪ということ。無実の罪は丞相の霊魂ではなく、身体に掛けられている。だから、死んでしまえば問題はなくなる。

身体が死んでしまえば、罪のある身体は消えて霊魂が解放される。

身体から解放された霊魂が都へ飛んで帰るには、なんの苦労もない。

「ヤア、汝《なんじ》ら、かかる大事を聞くからは、片時も早く都へのぼり、時平が工を奏聞せよ！」

白太夫や梅王丸は、陸路と海路で都に帰るはずだ。そして、空路を飛んで帰る丞相の霊魂と合流して、時平一派の謀叛の企みを粉砕するはずだ。

「鳴る雷《いかずち》となって、謀叛のやつばら引き裂きすてん」

舞台が変わって天拝山《てんぱいざん》の場、丞相は告文をむすびつけた梅の枝を手にして登場。

キッとした決意を表情にあらわして、天拝山の頂上を見上げる。

菅丞相「わが命、今日に限れり。五体八腑をこのままに、八色の雷《いかずち》となり、われに辛かりし卿上雲客、怨み晴らさでおくべきか」

梅王丸「ヤ、わが君様のこのありさま」

菅丞相「われはこの絶頂によじのぼり、啼《な》く雷となって、謀叛のやつばらを引き裂き棄てん。その方は都へ早く」

梅王丸「しからばこのまま」

菅丞相「いそおれ、梅王」

はげしい風が吹きつけてくる。

丞相は梅の枝を口に銜《くわ》え、両手で葛《かずら》をつかんで、よじのぼる。

雷光風波の嵐のなかで丞相は、

〽雲井はるかに都の方、あらあらよろこばしやなあ
丞相の身体——いまはもう霊魂だが——は宙にうきあがり、

「これよりただちに都の方、そうだ！」

どろどろと打ち鳴らす太鼓の音とともに第七幕がおわる。

第五章

味酒安行《うまさけやすゆき》と白太夫《しらたゆう》

道真の墓守となった味酒安行

天満宮の正殿から左にまがると、境内《けいだい》の外に出る。右にまがってすこしゆくと、右手に安行神社の鳥居が見えてくる。ちかごろ修築されたもののようだ。本殿の横に「始祖味酒安行・歴代一門墓所跡」ときざんだ石碑がある。

この神社の祭神は景徳《けいとく》大明神、俗名は味酒安行《うまさけやすゆき》といって康保《こうほう》元年（九六四）に亡くなった。百歳をこえる長寿であった。

味酒安行は菅原道真の門人であった。道真が大宰権帥に左遷されたときに随行し、南館での侘《わび》しい暮らしを世話した。道真が亡くなったあと、墓をつくって安楽寺とし、墓守となった。

二年後に安行に神託がくだった。安行は神託に応じて御殿をたて、天満大自在天神と称した。道真の墓所は安楽寺天満宮として発展してきた。

まもなく京都から道真の孫の平忠《ひらただ》が安楽寺天満宮の別当として赴任してくるが、平忠の仕事は安行が手をつけていた事業を継承し、発展させることだった。安行がいなければ道真の流罪《るざい》生活はもちろん、葬儀から墓所の建設にいたるまで、どうなっていたか予測もつかないのである。

安行神社　「始祖味酒安行・歴代一門墓所跡」と刻まれた石碑がある

出世の手段は「学問」のみ

味酒氏の先祖は武内宿禰《たけのうちのすくね》の末裔《まつえい》だとされている。武内宿禰は景行《けいこう》天皇から仁徳《にんとく》天皇まで約二百五十年間にわたって仕えたとされる古代の豪族である。歴史がはっきりしない時代の英雄であり、景行天皇の蝦夷《えぞ》地視察、神功皇后《じんぐうこうごう》の三韓征伐など、戦争にまつわる逸話が多い。

大和《やまと》政権をささえた有力な氏族のうち、平群《へぐり》氏や葛城《かずらき》氏、巨勢《こせ》氏や紀氏、蘇我《そが》氏などが末裔だとされる。宿禰の三男の平群木菟《つく》が伊勢に移って味酒首《おびと》の姓をうけ、桓武天皇にしたがって平安京に移り、文官の職をつとめていた。

九代の浄成は儒学者として名があり、弘法大師空海《くうかい》は若いころ浄成について儒学の初歩をまなんだといわれている。浄成の子が安行である。

安行は康保《こうほう》元年（九六四）に亡くなるが、そのとき百歳をこえていて、みごとな白髯《しろひげ》をたくわえていたとされる。貞観《じょうがん》五年（八六三）の生まれだとすると、承和《じょうわ》十二年（八四五）生まれの道真より十八年の年少だった。

味酒氏は位も官も高くはのぞめない家柄である。安行の祖父の世代が三人そろって味酒をあらためて巨勢の姓を賜うことを願ったことがある。その嘆願書をみると従七位上、従八位下、無位といった低位の文字がならんでいる。学問をして一段でも二段でも上昇しなければ息もできない境遇だったといわざるをえない。

味酒氏は菅原是善《すがわらのこれよし》の学問の門人になった。いわゆる「菅家廊下」の一員になったのである。学問によって出世に出世をつづけ、とうとう右大臣にのぼりつめた菅原道真の門人になれば、いくらかでも出世のたすけになるとの想いであったにちがいない。

安行は道真の門人であって、しかも家司《けいし》の役目をつとめるようになった。菅原家の内部に地位を占めたのである。右大臣の家司である、それ自体が権勢につながっている、みずからの出世の糸口にもなる。

だが、主人の道真はつまずいた。大宰府へ流罪同様の身として送られることになった。安行は随行することを決めた。思案の結果、そのほかに途《みち》はないとの結論に達したのだろう。

埋葬予定地は宝満山だった

延喜《えんぎ》三年（九〇三）二月二十五日、道真は大宰府の配所で五十九年の生涯を閉じた。

「遺体を京都に送ってはならぬ」との遺言があるから、味酒安行《うまさけやすゆき》は太宰府で埋葬しなければばならないが、その場所をどこにするか。

道真の容態が危険になったとき、安行は諸所をかけまわって埋葬の地を決定していたかもしれない。どこへでも、好きなところに埋めればいいというわけにはいかない。かつては朝廷を二分したほどの高官である、それなりの鄭重《ていちょう》は必要だが、かといって、罰を得て流されてきた道真である、反感をもつ大宰府の官人がいないともかぎらない。それやこれやで、埋葬地の件はなかなか厄介な問題なのだ。

道真の遺骸をのせた車が牛にひかれて南館を出たとき、行き先はきまっていた。太宰府の東北の郊外、標高八百三十メートルの宝満《ほうまん》山が屹立《きつりつ》して、頂上には竈門《かまど》神社の上宮が祀《まつ》られている。竈門神社の祭神は神武天皇の母の玉依姫命《たまよりひめのみこと》である。

太宰府を守護するため、天智《てんじ》天皇の指示によって宝満山の頂上で祭祀《さいし》がおこなわれ、天《てん》武《む》天皇の代にまず竈門神社の神宮寺として宝仲寺《ほうちゆうじ》がたてられ、筑紫《つくし》の総鎮守の役割をになった。宝仲寺は別名を大山寺、竈門門山寺ともいわれる。宝仲寺はますます権威を高め、唐《とう》にわたる伝教大師最澄《さいちょう》や空海がおとずれて祈禱《きとう》したこともある。最澄がたてた宝塔院には南谷と北谷をあわせて三百七十もの僧坊がたちならぶ活況を呈した時期もあるそうだ。（竹内秀雄「太宰府天満宮と北野天満宮」による）

宝満山は比叡《ひえい》山に相当する山であり、竈門神社や宝仲寺、宝塔院は延暦寺に相当する権威をもっていた。大宰府の東北の位置にあって大宰府を守護するのだから、比叡山延暦寺とまったくおなじなのだ。

味酒安行は宝仲寺か宝塔院の、いずれかの寺院の僧に依頼して道真の葬儀をしてもらう約束をとりつけていたのだと思われる。政治犯である道真を埋葬する儀式をおこなうのを躊躇《ちゅうちょ》する空気があるのではないかと懸念されたが、その気配はなかった。道真にたいする大宰府の印象が悪くなかったことは予想されるところだが、それにくわえて、安行のひとがらも好感をもたれていたにちがいない。

宝満山の麓《ふもと》に埋葬され、大宰府を守護する役目の一端をになう——道真の死後の在り方がこのように予定された。ここまでこぎつけたのは味酒安行の手腕である。宝満山の麓のいずれかの地に埋葬される師の墓を守ってすごす、それが安行の晩年の生活になるはずだった。

予想外の事態で埋葬地が変更に

道真の遺骸をのせて大宰府の南館から出発した牛車《ぎっしゃ》は、途中で停《と》まってしまった。いま太宰府天満宮がある、この地点である。

押せども引けども、牛は四脚をふんばって動こうとしない。

——前に進むのが嫌なのではない。この地で停まりたいと切望している。

牛が神託を告げているように、安行には思われた。神託には従わなければならないが、となればまた、宝満山の麓に予定していた埋葬を、宝満山よりも大宰府の政庁に近い位置に変更することになる。安行は八方に奔走して変更の諒解《りょうかい》をもとめたことだろう。

安行には三人の子があった。安秀《やすひで》は剃髪《ていはつ》出家して善快《ぜんかい》といい、次男が行成、三男が善重であった。三人は協力して安楽寺天満宮に奉仕していたが、やがて三流に分家し、満盛《まんじょう》院《いん》と検校《けんぎょう》坊、勾当《こうとう》坊のあわせて一院二坊になった。

もう一人の側近・白太夫

大宰府で流人同様の暮らしを送る道真の側《そば》に、白太夫《しらたゆう》とよばれる神官がいたという伝承がある。味酒安行《うまさけやすゆき》とともに、白太夫の名を忘れるわけにはいかない。

白太夫とは、どんな人物であったのか。

京都の北野《きたの》神社の摂社のひとつ、白太夫社のそばに説明板がたっている。長い参道をすすんで石段をのぼり、本殿へゆく道の右手である。

「文章博士菅原是善卿は、世継ぎの誕生を伊勢《いせ》神宮の青年神官度会春彦《わたらいはるひこ》に託して豊受《とようけ》大神宮に祈願された。そしてお生まれになったのが道真公である。

それ以来、数十年にわたって守役として菅公に仕え忠義を尽くした。翁は若い頃より髪が白く、人々より白太夫と呼ばれた。各地の天満宮に白太夫と称えて、かならず翁を祀《まつ》るのはこのようないわれによる」

白太夫社の神徳は子授け、例祭日は一月九日ということだ。

伊勢神宮と天満宮との組み合わせは、ちょっとかんがえただけではまことに不思議な感じがする。

白太夫は土佐で亡くなった？

北野天満宮の説明には、白太夫《しらたゆう》は太宰府へ行ったとは書かれていない。別の伝承によると、白太夫は土佐《とさ》で亡くなったことになっている。

高知市の天神町は潮江天満宮にちなんでつけられた地名である。福岡市の天神とおなじだ。菅原道真が右大臣から大宰権帥に左遷されたとき、道真の子の高視《たかみ》は土佐介に左遷された。高視が住んだ地がいまの高知市の高見町と北高見町のあたりだという。

高見町に住んでいた高視のところに、老人がおとずれてきた。大宰府で道真の世話をしていた白太夫だと名乗り、道真の遺品の御衣をわたした。高視は御衣を父の霊として祀り、それが潮江天満宮になったという伝承だ。

白太夫はそのまま土佐に住み、高知の大津で亡くなったという。大津には白太夫を祀った白太夫社がある。この白太夫は伊勢神宮の度会春彦《わたらいはるひこ》なのだということになっている。

伊勢神宮と張り合う吉田神道の存在

ところで、伊勢神宮と天満宮――神の系統としてはぜんぜん別であるはずの両社をむすびつけた伝承、この伝承を理解するキイ・ワードは吉田《よしだ》神道であろうと思われる。

奈良時代に栄えはじめた藤原氏は、奈良に氏神をたてた。春日《かすが》大社である。奈良から山城の乙訓《おとくに》の長岡へ、さらに山城の葛野の平安京へと移ったのにしたがい、春日大社の祭神も移ってきて鴨東の神楽《かぐら》山の吉田神社におさまった。平安京における藤原氏の氏神の社が吉田神社である。

吉田神社の神官職をつとめていたのは卜部《うらべ》氏であるが、この卜部氏は鎌倉時代に吉田氏

伊勢神宮内宮への道　内宮は天照大神を祀り、外宮は豊受の神を祀る

と改姓する。『徒然草』の作者の吉田兼好《けんこう》はこの吉田氏の出身である。

さて、藤原氏は勢力を膨張させる。本来は皇族が就任すべき摂政や関白の椅子に、藤原氏の者がすわるようになった。それと並行して吉田神社の格も急上昇する。皇室の祖先を祀る伊勢神宮と張り合うようになってきた。

戦国時代に出た吉田兼倶《かねとも》という人物は傑物であった。政治力を発揮して朝廷に影響をあたえ、後土御門《ごつちみかど》天皇や関白、将軍に進講して宗教家としての権威を高めた。権威増長のしるしとしたのが、神祇官《じんぎかん》領長上という奇妙な役名であった。神祇官という役職はあるが、神祇官領長上という名は存在しないのである。

そもそも、神のことを担当する中央官庁は神祇官である。神祇官の長官を神祇伯といって中臣氏や巨勢《こせ》氏、新しくは白川家が世襲するしきたりになっていた。ただし、戦国時代になると神祇官の仕事はなくなってしまった。

神祇官が活動停止の状態にあるとき、吉田氏は神祇官領長上を名乗った。これは官職ではないのだが、なんとなく官職の権威を連想させるところがあった。それが吉田兼倶の政治力、演技力だ。

官職とまぎらわしい名を名乗るのはけしからんと、叱責《しっせき》し、妨害するちからもなかったらしい。これまた兼倶の政治力のしからしめるところだ。兼倶は神祇官領長上の権威において新しい神道の理論を編み出した。吉田神道とも、唯一神道ともいう。

吉田神社の境内に大元宮をたてて、これに諸国の神をあつめた。あつめた神の数は三千を越えたという。公的な権威にもとづいてはいないのだが、諸国の神社の多くは、吉田神社の大元宮に入れてもらわなければ神社としてやってゆけないのではないかと恐怖させられた。

兼倶の狙《ねら》いが伊勢神宮にあったのはいうまでもない。皇室の祖神のアマテラスオオミカミを吉田の大元宮に勧請《かんじょう》できれば、神道界に君臨できる。この時期――戦国時代――神道界は武士に圧迫されて意気消沈しているが、吉田の唯一神道のもとにすべての神社が統一すれば、真正な神の世をとりもどすのは可能なはずだ。

勢力挽回のため天満宮と手を結んだ伊勢神宮

伊勢神宮の歴史は波瀾万丈《はらんばんじょう》だ。

平安末期の苦しい状況は源《みなもとの》頼朝《よりとも》の援助によって終止符をうったが、それからまた苦境がやってくる。戦国の世は、伊勢ばかりか、神道も仏教も苦境を強《し》いられたのである。

伊勢神宮が天皇以外の者の参拝をみとめるようになったのも、勢力挽回《ばんかい》の苦肉の策であったわけだろう。

吉田兼倶からの執拗《しつよう》な誘いを、伊勢神宮はとうとう振り切った。新しい権威に屈することを拒否したのだ。

吉田神道の誘いを拒否するには、それだけの強い意志とちからを必要としたはずだ。強い意志とちからを発揮した人物として、度会《わたらい》春彦という名が登場してきた。

春彦は江戸時代の初期に書かれた『菅家瑞応録《かんけずいおうろく》』という名の書物によって登場してくるのだが、この書が『天神記』や『菅原伝授手習鑑《すがわらでんじゅてならいかがみ》』の下地であることは中村幸彦氏の研究によってあきらかにされている。

度会春彦が実在の人物であったのか、どうか、はっきりしない。北野天満宮と提携し、吉田神道の誘いを拒絶する途をえらんだ意志とちからの持ち主としての期待をうけて登場した伝承の人物である可能性が強い。

共通の目標は藤原氏を批判、攻撃することだ。朝廷政治にたいする藤原氏の介入をおしもどし、天皇の親政を復活するために伊勢神宮と天満宮、度会氏と菅原氏は手をむすぼうではないか！

江戸時代のはじめに強く意識された伊勢と天満宮の提携、それを平安後期にさかのぼらせた時点で白太夫のイメージが創造されたのだろう。

パフォーマンスとしての老松

室町時代に製作されたという太宰府天満宮境内指図を見ていると、本殿の背後に老松《おいまつ》大明神の境内社が描かれている。

京都の北野天満宮にも、本殿の背後に末社の老松社がたてられている。北野天満宮の老松社にはくわしい説明がついている。祭神は島田忠臣《しまだのただおみ》、神徳は植林と林業。

「島田忠臣翁は菅公の家臣とつたえられ、また一説には公の岳父《がくふ》（夫人の父）ともいわれる」

「忠臣は、菅公が配流《はいる》地の太宰府で自らの無実を天の神々に訴えるため天拝山に登られたとき、公の笏《しゃく》を預かってお供をした人物である」

「のちに菅公は忠臣に松の種をもたせ、当地に撒《ま》くように託された。道真公のご神霊がこの地に降臨されるとき、多数の松が一夜にして生じたという伝説はこの事跡にもとづくものといわれる」

老松のイメージが非常に鮮明に語られている。北野天満宮の一ノ鳥居をくぐって右手に影向《ようごう》の松がある。説明板が立っているから、すぐにわかる。天満大自在天神がいよいよ北野の地に降臨するとき、そのまえぶれとして一夜のうちに無数の松の木が生えた。神の影向である。

神が降臨するに際して、まえぶれは不可欠のものではない。空を飛んでか、地を抜けてか、神が降臨することからして不思議であるのに、まえぶれは必要はない。

だが、天満大自在天神はふつうの天神ではないのだということを強調する必要があったのだ。ほかの場所ならばともかく、京都の北野では是非とも必要であった。なぜなら、ここには太古の時代から天神を祀るしきたりがある。それと混同されないために、特別の天神であることを強調するために無数の松の木の一夜のうちの芽生えという神秘を演じたのだ。神秘の演技というか、パフォーマンスというか、その役目をになったのが島田忠臣であった。

もろもろの天神を祀る社から、天満大自在天神を特別に祀る社への転換をはかる、その時期を記念するのが忠臣であったということだ。

天満大自在天神の神号を直接に京都につたえたのも、島田忠臣であったとかんがえてい

北野天満宮（京都市）当初は道真の怨霊を鎮める鎮魂・雷神信仰が中心だった

北野天満宮（京都市）の境内にある道真の母君・伴氏の社

いのだろう。味酒安行《うまさけやすゆき》は太宰府で生涯を終えたし、白太夫《しらたゆう》は太宰府から土佐へ行って、土佐で生涯を終わったらしい。

京都から太宰府へゆき、ふたたび京都にもどったと推定されるのは島田忠臣である。かれが松の種をもってかえって撒《ま》かなければ、松の木が一夜にして芽生えた奇蹟はおこりえない、あるいは、困難だ。

道真を慕って京都から太宰府へ飛んでいったのが飛梅、道真に松の種を託されて太宰府から京都にもどったのが老松の島田忠臣——スケールの大きい循環の物語だ。

歌舞伎に登場する白太夫と松・竹・梅

白太夫というキャラクターが登場することで『菅原伝授手習鑑《すがわらでんじゅてならいかがみ》』の内容はぐーんと厚みを増してくる。菅原道真の子どものころから知っていて、太宰府まで付いてゆき、その最後——天神になる経緯を知っている。

道真のファンの立場からすると、こんなに羨《うらや》ましい存在はないのである。そのあたりを計算に入れているのだろう、竹田出雲《たけだいずも》や並木千柳など四人合作の脚本もこころにくいばかりの仕掛けがされている。『菅原伝授手習鑑』については、すでに四章で第七幕を考察したが、ここでは白太夫と松・竹・梅の三人の子の奮戦について、見てみたい。

河内国《かわちのくに》（大阪府）佐太《さた》村、いまの守口市の佐太に佐太天満宮がある。この佐太村が菅原道真の領地であったという設定で、領地をあずかる代官の役目で登場してくるのが佐太村の白太夫だ。

七十歳の古希《こき》と改名をあわせて祝いの宴会をやる予定になっているから、第六幕は「賀の祝の場」の名がついている。生まれた月、生まれた日、生まれた時刻に合わせて祝いの宴をやれと、これは主人、道真からの直接の指示であった。

もうひとつの幸運が付いている。三人の息子——三つ子だ、一卵性三生児といえばいいのか——が揃いもそろって出来が良く、道真の斡旋《あっせん》で朝廷の舎人《とねり》の役職に就いている。父親の今日の晴れの日にあわせて三人の息子は都からもどってくる予定だ。

出入りの農民の十作と白太夫の会話のなかに、道真から「白太夫」の名をもらったことが紹介される。

「七十の賀を祝え、その日から名も改めよとて、エ、何とやらおっしゃられた、オ、、そうじゃ、伊勢の御師かなんぞのように、白太夫とおつけなされた」

神社に奉仕することを職業とするひとびとを御師と総称したが、せまい意味では伊勢神宮関係者をさす。白太夫が「伊勢の御師かなんぞのように」といっているのがそれだ。「オシ」と発音するが、伊勢では「オンシ」ともいうらしい。

御師の名がすべて白太夫ではないが、ナニナニ太夫という名の御師が多かったのは事実だ。徳川幕府の将軍の外宮《げくう》の御師は春木太夫、内宮《ないくう》の御師は山本太夫であった。『菅原伝授手習鑑』が書かれた江戸時代のはじめには、ナニナニ太夫というと伊勢の御師を連想するのが自然であったと思われる。

吉田神社で出会った三人息子

白太夫の三人息子の名は、それぞれ松王丸《まつおうまる》、梅王丸《うめおうまる》、桜丸《さくらまる》である。三つ子だから兄弟の差はないが、舎人《とねり》としての立場には大きな相違がある。

梅王丸は菅原道真に、桜丸は宇多《うだ》法皇の皇子の斉世《ときよ》親王に仕えていた。斉世親王は醍醐《だいご》天皇の弟である。

道真が失脚した直接の原因は、醍醐天皇を廃して斉世親王を新しい天皇に擁立しようとしたという謀叛《むほん》容疑であった。道真が失脚したことで、梅王丸も桜丸も謀叛人の一味として追及され、世をはばかって生きねばならぬ境遇だ。

それにたいし、松王丸はいまをときめく藤原時平《ときひら》の舎人なのだ。いつまでも仲のよい兄弟というわけにはいかなかろうと、不安が生じる。

京都の吉田神社の社頭で三人のあいだにトラブルがおこった。吉田神社のまえで梅王丸と桜丸とが出会ったところへ、主人時平の吉田神社参詣の行列のお供をする晴れがましい姿の松王丸がやってきたのだ。失職のうえに追われる身の梅王丸と桜丸、たいして松王丸は権力者ナンバー1の時平の舎人、喧嘩《けんか》にならないわけがない。

カーッとなった梅王丸と桜丸が時平の牛車《ぎっしゃ》に手をかけ、おしもどそうとするのを、松王丸が止める。牛車から降りてきた時平は梅王丸と桜丸を睨《にら》みつけ、威厳によって圧倒したが、兄弟の松王丸の日ごろの忠義に免じて命は奪わなかった。

太宰府行きを決意した白太夫の真の狙《ねら》い

佐太村の白太夫の屋敷には、三人兄弟の妻が夫より先に着いた。松王丸の妻が千代——松の緑は千代、梅王丸の妻は春——春に先駆けて咲く梅、桜丸の妻は八重——八重桜と、それぞれ懸《か》けてある。

白太夫の屋敷の庭先には梅、松、桜の木が植えていて、三人息子のしるしのつもり。

やがて松王丸と梅王丸が到着する。祝儀の式をすませると、桜丸が来るのも待たずに松王丸と梅王丸は、それぞれの願いを書いた書きつけを父にさし出す。

梅王丸の願いは、旅に出たいから許可してほしいというものだ。白太夫は、ご主君道真のお側《そば》で世話をしたいのであろうと梅王丸の胸のうちを推測し、立派な心掛けだと感心したあと、念を押す。

「御台《みだい》さま（道真の夫人）や若君さまの在所が判明、お変わりなくお暮らしになっているのを確認したうえでの旅立ちであろうな？」

「いいえ。若君さまのことはご無事の噂《うわさ》をきいたばかり、御台さまは女のことゆえ、また格別……」

梅王丸の言葉もおわらぬうち、白太夫は烈火のごとくに憤《いきどお》った。道真さまの敵は、御台さまや若君さまのお命を奪おうと隙《すき》をねらっておるにちがいない。それを知らぬはずはないのに、若君さまの安否は噂をきいただけ、御台さまは女だから危険もなかろうと勝手にきめこみ、おのれは大宰府へ行って安全な膝行役《いざり》をしようとは、なんたることか。

「膝行役を願うは命が惜しいか。いやサ、敵がこわいか、旅立ちの願いは叶《かな》わぬ。いっかな願いは取り上げぬぞ」

白太夫の怒りの口から膝行役という言葉が出た。ひざまずいて主君の身のまわりの世話をするから膝行役だ。体力や武術は要《い》らないけれども、こまやかな心遣いが必要である。年寄りの白太夫にはふさわしいが、血気の盛りの梅王丸が膝行役を買って出るというと、「命が惜しいか」と軽蔑されても仕方はない。

旅立ちの願いはゆるされず、そのうえ、命を惜しむ臆病者と罵《ののし》られた梅王丸は首をすくめて、妻の春ともどもにその場に凍《こお》りつく。

ここで整理しておこう。

梅王丸は太宰府にかけつけて道真の身のまわりの世話をしようと計画したが、父が許してくれない。梅王丸は太宰府へは行けなくなった。

息子梅王丸の卑怯《ひきょう》を罵倒《ばとう》するとき、白太夫は「膝行役」の言葉を使った。この瞬間までは自分自身が気づかないことであったが、「膝行役」といったとき、白太夫は咄嗟《とっさ》に悟ったのだ、膝行役こそは年寄りのわれにふさわしいと。そうとなれば、いますぐにでも大宰府へ飛んでゆき、お寂しいにちがいない丞相さまの身のまわりのお世話をしなければならないのだとも。

そうときまると、藤原時平を警戒しなければならない。執念ぶかい時平は、丞相さまを亡きものにしようと、太宰府へ刺客《しかく》を送りこむはずだ。時平にそなえて、若くて血気盛んな梅王丸を残留させておかねばならない。だから梅王丸の旅行の願いを許可するわけにはいかなかったのだ。

もっと大切なことがある。

白太夫は太宰府へ、道真の膝行役として行く決意をかためた。

膝行役は文字どおり身のまわりの介護役であって、政治顧問でもない、武術の指南役でもない。つまり白太夫は、菅原道真がもういちど朝廷の政治の檜《ひのき》舞台に登場することはないと、きめてかかっている。赦免《しやめん》もされず、政界復帰もなく、道真は大宰府で生涯をおわると白太夫はかんがえている。だが、道真の身のまわりの介護をするだけにしては、白太夫の意気込みが激しいように思われてならない。

そうなのだ。白太夫が太宰府をめざすのは道真の介護が主たる目的ではない。

では、なにか？

道真の死を見越したうえで、道真の霊魂を祀《まつ》る寺か社を太宰府にたてようとしている、だから張り切っているにちがいない。

白太夫は大役である、主役である。道真の死を看取《みと》り、墓所をたて、その墓所を安楽寺という寺院に仕上げていった味酒安行《うまさけやすゆき》の役柄を内包している。ドラマの主役の白太夫と、じっさいの存在の味酒安行の二人役だから役柄は重いのである。

「蟹忠義」と罵倒された松王丸

松王丸も父に願いの書面を提出した。白太夫が読んでみると、「勘当していただきたい、親子の縁を切っていただきたい」と書いてある。

「子が勘当を願うとは珍しいはなしじゃ。許すぞ」

「かたじけなし」

理由もきかずにお許しいただくとは、時平への忠義を推察なさってのことであろう、父ながらありがたいと喜ぶ松王丸に、白太夫がこれまた罵倒《ばとう》の声をあびせる。

「主への忠義だて、臍《へそ》がアハ、、、くねる……勘当うければ兄弟の縁もはなれ、時平殿へ敵対せば、斬《き》ってもすてん所存よな」

道真は重大な政治犯である。その道真に忠義を尽くそうとしている白太夫も梅王丸も桜丸も、政治犯の一味である。梅王丸と桜丸の兄弟の松王丸としては親子の縁も兄弟の縁もすっぱりと切って、絶縁のしるしをもってかえらなければ時平の舎人《とねり》の職があぶない――

これが松王丸の気持ちなのだと白太夫は読んだ。だから、松王丸の忠義は忠義の筋道を横に走る「蟹《かに》忠義」だと軽蔑し、罵倒して松王丸を追いだしてしまう。

その場にのこった梅王丸、「御台さまの行方《ゆくえ》をさがせ、若君の安否をたずねよ」と父に責められ、閉口して退場すると見せかけて、じつは、舞台の隅の藪《やぶ》に身を隠す。

折れた桜の枝に込められた意味

退場すると見せかけ、じつは舞台の隅の藪に隠れた梅王丸——奇怪な動きには理由があった。

松王丸と梅王丸は父の屋敷でも喧嘩をしたのである。取っ組み合いのとばっちりで、庭の桜の木が折れてしまった。菅丞相《かんしょうじょう》が秘蔵していた桜の木の株分けを、白太夫が佐太村にもってかえって育てていた。主人そのもののように大切に育てていた桜の木、それが兄弟喧嘩の側杖《そばづえ》をくらって折れたのに、白太夫はなんともいわない。これが不審の第一。

不審の第二は、桜丸がいつになっても祝いの席に姿をあらわさないのに、何ともいわぬ白太夫。

なにかあると睨《にら》んで藪に隠れたのだが、梅王丸のつけた見当は当たっていた。桜丸が裏ロから姿をあらわし、席につくのを待っていたかのように、なんと白太夫は、脇差《わきざし》をのせた三方《さんぼう》を抱えて出てきたのだ。三方に脇差、それは切腹の用意にほかならない。

桜丸の主人の斉世親王が、道真の養女の苅屋姫《かりやひめ》を見初《みそ》めた。恋文を渡す使いやら、鴨川《かもがわ》の堤の逢い引きの手配をするやら、これも務めのうちと励んだのが裏目に出た。

道真は娘を斉世親王の寵姫《ちょうき》として送りこんだ。それが醍醐《だいご》天皇を廃して斉世親王を擁立する謀叛《むほん》をくわだてたと讒言《ざんげん》されて、失脚、大宰府へ左遷された。

恋の仲立ちをしたばかりに、桜丸は父や兄弟の主家の主人を失脚の憂《う》き目にあわせてしまった。桜丸は切腹の覚悟をかため、この日、松王丸や梅王丸よりもはやく父の屋敷に来ていたのだ。

桜丸の訴えをきいた白太夫は、その潔《いさぎよ》さをうけいれ、わが屋敷で切腹させてやることにした。ひとまず桜丸を裏に隠しておいて、松王丸と梅王丸の古希《こき》の祝賀の挨拶をうけた。桜の木が折れても咎《とが》めもしなかったのも、桜丸が腹を切って死ぬことがきまっていたからだ。

白太夫の説明はおわった。桜丸は切腹の座につき、脇差をとって腹に突き刺した。

桜丸が死ぬとすぐに、白太夫は大宰府へと旅立つ。

梅王丸は父の白太夫に桜丸の遺骸《いがい》の始末をたのまれ、父を見送る。切腹という華々《はなばな》しいかたちで退場してゆく桜丸にくらべると、行方《ゆくえ》不明になる梅王丸の扱いが平等ではないように見える。だが、じつをいうと、これはこれで、なかなか華々しいかたちの退場なのだ。

梅王丸は、どうなるか？　飛梅になって、父の跡を追って大宰府へ飛んでゆくのである。梅になるのである。

松王丸が退場する「寺子屋」

一方、松王丸が退場するのは『菅原伝授手習鑑《すがわらでんじゅてならいかがみ》』の第八幕「寺子屋の場」である。ふつう「寺子屋」といえば『菅原伝授手習鑑』の代名詞みたいなもの、それほどの傑作とされている場である。

武部源蔵《たけべげんぞう》は菅原道真の学問の弟子である。道真が大宰府へ左遷されたあと、源蔵は京都の西の郊外の芹生の里で寺子屋をひらいていた。

寺子のひとりの名は菅秀才《かんしゅうさい》といい、じつは道真の子である。秀才が道真の子であるのが藤原時平《ときひら》に知られぬように苦心してきたが、とうとう露顕《ろけん》してしまった。

源蔵は庄屋の屋敷によびだされ、時平の家来の玄蕃《げんば》と松王丸から「秀才の首を斬ってさしだすか、それとも、こちらが踏みこんで首を斬るか」と二者択一を迫られた。

源蔵は「わたくしが秀才の首を斬ります」といって帰宅した。じつは源蔵は、秀才の代わりに、秀才とは別の寺子の首を斬ってさしだすつもりだった。

源蔵が留守をしていたあいだに、小太郎という少年が母につれられて新しく寺入りしていた。小太郎が気高い雰囲気の少年であるのを知った源蔵、小太郎の首ならば秀才の首として玄蕃や松王丸を騙《だま》せるだろうとかんがえた。

裏座敷へよびだし、小太郎に事情をうちあけて承知させ、首を斬って待つところへ玄蕃と松王丸が到着する。松王丸は父や兄弟のゆかりで秀才の顔を知っているから、首実検の役目である。

松王丸は、源蔵がさしだした偽《にせ》の首を「たしかに菅秀才の首」と認めた。秀才の顔を知っているはずの松王丸が「まちがいない」と認めたのが源蔵には不審でならないが、ともかくも危機が去って安堵《あんど》しているところへ、小太郎の母の千代がやってきた。一難去ってまた一難――。

門口から座敷の様子を見ていた松王丸が、松の枝に短冊《たんざく》をむすんで投げ入れる。源蔵が

とりあげて読んでみると——、

梅は飛び　桜は枯るる世の中に
なにとて松は　つれなかるらん

松王丸の境遇を予言していた道真の歌

小太郎は松王丸と千代の子であった。

松王丸は時平《ときひら》に仕えたばかりに、道真にたいして不忠となり、親兄弟から絶縁同様の悲しい境遇になった。おくればせながら正義の道へもどろうと、仮病をつかって辞職をねがったところ、菅秀才《かんしゅうさい》の首を確認すれば辞職をゆるそうと条件をつけられた。

あの忠義者の武部源蔵《たけべげんぞう》、まさか若君秀才の首を斬りはすまい、代わりの寺子の首を斬るにちがいないが、身代わりにふさわしい子がいなければどうにもならぬ。いまこそご奉公の時なり、正義をつらぬく時なりと、わが子の小太郎を秀才の身代わりにする覚悟をきめた。

松王丸は苦しい境遇におかれてきた。

「梅は飛び、桜は枯るる……」の歌は菅原道真が大宰府へ左遷されるときに詠《よ》んだものだといわれる。その後の状況の展開が歌のとおりになったというので、ひときわ盛んに都人《みやこびと》が歌っていた。

梅は飛び——梅王丸は飛梅《とびうめ》になって大宰府へ行った。

桜は枯るる——桜丸は斉世親王と苅屋姫《かりやひめ》の恋をとりもったのを罪に感じて切腹した。

だが、松だけは、松王丸だけは、なんにもやらないではないか。道真さまのお歌にあるとおり、なぜ、どうして松はこれほどまで無情、つれないのか？

松だけは無情——松王丸はこの歌によって自分を責め、苦しんでいた。

わが子の命をさしだして若君秀才の命を救ったいま、長い苦悩がおわった。

源蔵の妻の戸浪が小太郎の遺骸を抱いて網代《あじろ》の駕籠《かご》に入れるのを合図に、松王丸も妻の千代も上着を脱ぐ。夫婦とも上着の下には白無垢《むく》を着ていた。

駕籠にむかって一同が焼香《しょうこう》、ここで「寺子屋の場」はおわる。松王丸と千代は生きたままで幕は降りるが、白無垢の衣装によって夫婦の死は予告されている。

わが子の首をさしだしたあと、父と母も死んでゆく。異常なかたちの退場だが、そのまま消えるわけではない。

松王丸はどうなったのか？

松になり、梅王丸のあとを追って大宰府へゆくのである。

道真は「松は、なぜ、つれないのか」と嘆いて歌を詠《よ》んだが、松王丸はこの歌を書いた短冊《たんざく》を武部源蔵にむかって投げすて、「わたくしは無情ではございません！」といわんばかりに一同のあとを「追って」大宰府へ行った。

あとを「追う松」だから「追い松」だ。「追い松」を吉祥語《きちじょうご》——めでたい、縁起のいい表現——におきかえたのが老松である。

松、梅、桜の三人息子は白太夫の分身とも考えられる

松王丸、梅王丸、桜丸の三人はもちろん白太夫の息子だが、ドラマのなかでは、三人の息子は白太夫の分身だとかんがえてもいい。

白太夫が大宰府の道真の側にゆく必然性を鮮明にする技術として、まず最初にかんがえられるのは、道真にたいする白太夫の忠誠心を強調するやりかただ。

道真を慕《した》う白太夫のこころは、切ないほどに純粋なものであった。河内《かわち》の佐太村でのうのうと暮らしている自分に嫌気《いやけ》がさし、思いきって大宰府へでかけてゆく——こういう単純なやりかたでもよかったはずである。単純なものほど訴えるちからは強いということも

ある。

だが、『菅原伝授手習鑑《すがわらでんじゅてならいかがみ》』の作者は単純な方法をつかわなかった。白太夫の分身としての三人の息子を創造し、筋の展開を複雑にしたのである。このほうが観客に訴えるちからが強くなると判断したわけだろう。

一個の存在の白太夫の分身の松王丸、桜丸そして梅王丸が三者三様の苦闘奮闘を見せ、それぞれ異常なかたちで退場してゆく。三人の分身は退場して、白太夫という一個の存在に収斂《しゅうれん》されてゆく。ドラマとしてはこのほうが効果は強烈である。

白太夫という名は天神の承認が必要

天満宮では白太夫という名前がどんなに重みをもっているのか、だいたいのところはわかっていただけたと思う。

重い名前であるから、だれでも好き勝手に白太夫を名乗れるわけではなかった。結論から先にいうと、菅原道真——天満大自在天神《てんまんだいじざいてんじん》の承認によって、白太夫の名乗りが許されることになっていたようだ。『菅原伝授手習鑑』の第六幕「佐太村賀の祝の場」で、その間の事情がわかる。

佐太村の場の主人公は白太夫であるが、じつは、今日の七十歳の祝いの日までは四郎九郎の名であった。このまえ、京都に行って主人の道真の機嫌をうかがったときに「七十歳になる」ともうしあげたら、「それはめでたい。七十歳になる日から白太夫と改名せよ」と命じられ、白太夫と名乗ることにした。

つまり、白太夫という名前は、ふだんは天神さまがあずかっている。

天神さまが「わたくしの世話をしてくれ、頼むぞ」と期待をかけた者、そのひとが白太夫の名を天神からいただく資格がある。白太夫の名を許された者は、太宰府へ行って天神さまのお世話をし、安楽寺天満宮を維持する仕事に精出すことが許されるのだ。

第六章

太宰府天満宮はいかにして大領主になったか

一年に六百万人の観光客

太宰府市をおとずれる参拝・観光客は年間に六百万人という膨大な数字だそうだ。そこで太宰府市の市議会は、天満宮周辺の駐車場を利用する観光客から観光駐車税を徴収して、景観整備や観光振興策の費用にくりいれる案を可決したという。（「朝日新聞」大阪版夕刊・2002年3月22日）

六百万人の観光客は膨大な数字にはちがいないが、経済の規模という点では、過去の太宰府とあまり変わらないのではないかと思われる。太宰府にあつまってきた富はそれほどに大きかったのである。

この時代の富は農地である。荘園というかたち、荘園という名の農地である。

未開の土地を開墾すれば、しばらくのあいだは税をおさめずに収穫物のすべてを私有にしてよろしい――こういう制度があった。何年か経過すれば公地に編入され、納税しなければならない。

だが、納税を避けて農業をつづけたいのはだれもおなじだから、あれこれと手を使って納税を回避しようとする。いちばん手っとり早いのが有力な公卿《くぎょう》、寺社の名義を使うことだった。有力な公卿や寺社に名義を寄進すると、税を回避できるのである。公卿や寺社に名義料をはらわなければならないが、税をはらうよりは低額ですむ。寄進された農地は、公卿や寺社の権威によって、まわりの政治勢力の侵略から守られる。

公卿や寺社の権威が高ければ高いほど、その権威の下にかくれて税から逃れられる。太宰府の安楽寺天満宮の権威が高くなるにつれて、寄進される荘園の規模も数も増えてきたのである。

官人たちの荘園領主となった天満宮

はじめのうちは、大宰府政庁が協力的であった。政庁は京都の朝廷の分身である、それだけの尊敬をうけて当然であるという想いが官人の誇りになっている。

しかし、政庁そのものは財産を蓄積できない。国家の機関、朝廷の分身であることが障害になって政庁の財産を蓄積することができない。

そこで、天満宮が注目される。はじめのうち、大宰府政庁は太宰府天満宮を贔屓《ひいき》にしていた。菅原道真という、身分と知名度が抜群の政治犯の墓を元にして発展しつつある天満宮である、贔屓《ひいき》するだけの甲斐《かい》があった。京都にたいして、「われらを軽蔑してはなりませんぞ」と肩肘《ひじ》をはる精神の土台が天満宮であった。

いくらかの土地を手に入れた大宰府の官人たちは、天満宮に名義を寄進する。天満宮名義の荘園ならば、税は安く、周囲からの侵略から安全なのである。ほかならぬ官人自身が天満宮を保護しているのだから。形式的には天満宮はあくまでも菅原氏の氏寺だが、大宰府の官人たちの私的な共有の荘園領主であるかのような存在になってきた。

官人たちは、ほかの荘園所有者に、荘園を寄進するなら太宰府の安楽寺天満宮が安全で有利であるぞと宣伝する。

荘園が増加して権威が高まる、権威が高まるから荘園の寄進がますます加速される。こういうことがくりかえされて、天満宮は広大な荘園を所有する大領主になってゆく。

朝廷は、土地の私的な領有である荘園がふえてゆくのを歓迎はしない。それだけ公地が減るからだ。

だが、奈良の興福寺《こうふくじ》——藤原氏の氏寺である——のように、朝廷からの非難にたいして「仏教興隆の基礎をかためるのが、わるいとおっしゃるのですか！」と反論すると、朝廷は口をつぐまねばならない。それとおなじ理論的な立場に、太宰府天満宮は立脚するのである。

——荘園をあつめるのが悪いとおっしゃるならば、それは正一位・太政大臣の故菅原道真の遺徳によって九州に仏教をひろめようとする安楽寺そのものが悪いということになるのですぞ！

味酒安行《うまさけやすゆき》が安楽寺天満宮の造営をはじめたのは、道真の没後二年の延喜《えんぎ》五年（九〇五）である。しばらくは安行があつめた浄財による建設がつづいたわけだが、延喜十九年に筑《ちく》前《ぜん》の小中《おなかの》荘《しょう》が寄進された。天満宮に寄進された荘園第一号の小中荘は、太宰府の北の粕屋にあった荘園である。

それから筑後の高比荘と青木荘、筑前の安志岐封荘などがつぎつぎと天満宮名義の荘園になった。寄進地系統と、領主みずからが開発して荘園とする開墾地系の二種の荘園があるが、天満宮の場合、ほとんどが寄進地荘園であるのが特長だといっていい。菅原道真、大宰府官人の保護、そして仏教寺院であることの三要素の権威に期待して寄進される荘園の群れなのだ。

道真の孫二人が別当に

天暦《てんりやく》元年（九四七）、菅原平忠が安楽寺天満宮の初代の別当として赴任してきた。平忠は道真の子の淳茂《あつしげ》の子、道真にとっては孫にあたる。道真が延喜三年に亡くなってからこのときまで、安楽寺天満宮の庶務は官庁の大宰府が管轄してきたらしいが、ここではじめて専門の別当が着任したわけだ。平忠は安楽寺の第二の建物、東法華堂《ひがしほっけどう》をたてたといわれる。

平忠のあとは延鎮が二代目別当として赴任してきた。延鎮は淳茂の弟の兼茂の子だから、平忠とおなじく道真の孫にあたる。

延鎮は赴任したあとで太政官符を申請して許可されたから、官の人事として安楽寺天満宮の別当になったという性格をもった。

安楽寺天満宮そのものが私寺から官寺へと性格変更したといってもいいが、そのあとでも天満宮の別当職は菅原氏が世襲してきたのである。安楽寺が官寺になったというより、私寺の安楽寺が官——大宰府の保護をうけるシステムができあがったとみるのがいいだろう。

大宰帥や権帥、大宰大弐、京都から赴任してくる官人たちが私的な立場で天満宮に参詣することはある。だが、それよりももっと重要な公務として、かれらは天満宮に参詣し、祈禱《きとう》をささげ、天満大自在天神の恵みをうけたのである。

宮中の年中行事を天満宮でおこなう

天慶《てんぎょう》八年（九四五）と天徳《てんとく》四年（九六〇）の二度にわたって大宰大弐となったのが小野《おのの》好古《よしふる》である。好古の名は、藤原純友《ふじわらのすみとも》の叛乱《はんらん》を鎮圧した武官として有名だ。失脚と復活をくりかえし、地獄の閻魔《えんま》王の顧問になったと評判されたり、激しい言動のゆえに「野狂」と仇名《あだな》された参議の小野篁《おののたかむら》の孫である。

好古は曲水宴《きよくすいえん》と残菊宴を安楽寺天満宮の行事として取りこみ、定着させた。どちらも京都の宮中の年中行事であったのを、宮中を模して太宰府天満宮にひきうつしたのだ。役所の大宰府に、ではなく、天満大自在天神を祀る安楽寺天満宮にうつしたのを確認していただきたい。

三月三日の桃の節句の日に宮中でおこなわれるのが曲水宴である。庭園をゆるゆると曲がって流れてくる水の辺に歌人がすわり、上流から流されてくる盃《さかずき》が自分の前を通りすぎないうちに一首を詠《よ》み、盃をとりあげて酒を飲む。全員が詠みおわってから別堂にうつって、それぞれの作歌を披露する。

曲水宴はいまでも諸所でおこなわれているが、京都では洛南の城南宮の曲水庭でおこなわれる宴が有名だ。

十月五日に、これまた宮中でおこなわれていたのが残菊宴である。咲きのこった菊を賞《しよう》翫《がん》し、歌を詠《よ》みあい、酒を酌《く》み交わす宴だ。

曲水宴といい残菊宴といい、年中行事として定着させるには費用が大変である。大宰大弐の小野好古は年に二度の宴の費用の捻出《ねんしゆつ》基盤とすべく、筑前国の土師《はじ》庄を寺領として寄進した。土師庄からあがる年貢で曲水宴と残菊宴の費用にあてなさいというのが、天満宮にたいする大宰府の支援となったわけだ。

現代の政治用語というか、行政分野というか、それにあてはめると、「宗教施設または団体における伝統的・文化的行事の運営にたいする公的資金補助」ということになるか。太宰府の安楽寺天満宮は広大な面積の荘園を蓄積してゆくが、大宰大弐小野好古の政策的判断による土師庄は、安楽寺が獲得した早期の荘園としてかぞえられる。

曲水宴と残菊宴につづいて、内宴と七夕宴がはじまった。

内宴は宮中の内々の宴のことだが、醍醐《だいご》天皇が神泉苑で文人の廷臣に詩をつくらせたのをきっかけにして、天皇の常の御所の仁寿殿で正月二十一日におこなわれるのがしきたりになった。太宰府天満宮の内宴は大宰大弐の藤原有国《ふじわらのありくに》（または藤原佐忠《すけただ》）が長徳《ちようとく》元年（九九五）にはじめた。

宮中の七夕宴は乞巧奠《きこうでん》とよばれ、清涼殿の東庭でおこなわれていた。天平《てんぴょう》年間（七二九〜七四九）からおこなわれている由緒ある行事で、梶《かじ》の葉に歌を書いて牽牛《けんぎゅう》と織女《しょくじょ》の二星に手向《たむ》け、梶の蹴鞠《けまり》を楽しむこともある。太宰府天満宮の七夕宴は永承《えいしょう》元年（一〇四六）に大宰権帥の藤原経通《つねみち》がはじめた。

四度宴が大宰府ではなく安楽寺天満宮でおこなわれたのはなぜか

大宰府は「西の都」とか「大君遠朝廷《おおきみのとおのみかど》」とかいわれた。九州と壱岐《いき》、対馬《つしま》の統合行政機関であるといってまちがいではないが、朝廷の分身というほうが実態をよりいっそう鮮明に表現できる。

大宰府の官人はもちろん朝廷で任命され、朝廷を通じて天皇に忠誠を誓う義務を負っているはずだ。かれらが、朝廷の年中行事を大宰府で模して主宰するのは義務の遂行の一齣《ひとこま》である、それ自体には何の問題もない。

じっさいのところ、かれらは大宰府の政庁においても朝廷の行事を模倣《もほう》して実施していたと予想される。天平《てんぴょう》二年（七三〇）に大宰帥の大伴旅人《おおとものたびと》の屋敷でひらかれた有名な「梅花の宴」にしても、奈良の都における朝廷の年中行事の模倣であったにちがいない。

だが、となればなおさらに、もっと大きな疑問が生じる。小野好古《おののよしふる》をはじめとする十〜十一世紀の大宰府官人たちは、四度宴をなぜ大宰府政庁ではなく、公的には関係のないはずの安楽寺天満宮でひらいたのかという疑問だ。

旅人の「梅花の宴」は一度でおわったらしい。すくなくとも、大宰府の年中行事として定着させようという意図はなかったようであり、事実、定着しなかった。

だが、小野好古による曲水《きょくすい》の宴《えん》は、安楽寺天満宮の年中行事として定着させようという鮮明な意図のもとに創始されたのだ。だからこそ好古は大宰大弐の権限を行使して、筑《ちく》前《ぜん》の土師《はじ》庄を曲水の宴の費用の基として寄進したのである。

——公有資産を投入したのはよろしいが、ならば、曲水の宴は天満宮ではなくて大宰府の政庁か、しかるべき官僚の屋敷でおこなうのが順当である。

このような批判を予想して、おそらく好古は強力な反論を用意していたはずだ。

——おそれ多くも、安楽寺に祀られるのは天満大自在天神でありますぞ！

この反論があくまで表向きのものであるのはいうまでもない。小野好古をはじめ、大方の大宰府官人の気持ちは、こういうものであったろう。

——われらが職を奉じる大宰府は朝廷の地方機関にすぎない。最高位には天皇がおられて、その天皇の権威が京都からここ大宰府へ順送りに下降している。つまり大宰府政庁や政庁関係の施設において天皇は実在しているわけだから、霊的な存在である天満大自在天神を天皇に見立てるわけにはいかない。

官寺として扱われる性格ではあっても、基本的には私寺の天満宮である。ここには天皇の権威は下降してこない。大宰府の官人たちは、天満宮に来て、こころおきなく天満大自在天神を天皇に見立てることが可能になるのである。

正式な地方行政機関の大宰府よりも、私的な性格の寺の安楽寺天満宮のほうが、実在の京都の朝廷に、より近い存在として感じられる、そういうことなのだ。

天満大自在天神の新たな託宣をひきだした道真の曾孫

安楽寺の初代別当の菅原平忠《ひらただ》をはじめとして、代々の別当は菅原氏の者がえらばれた。初代の平忠も二代の延鎮も太宰府に赴任してきたが、やがて、任命されても赴任することはなくなる。各種の地方官がそうであったように、安楽寺の別当職もまたじっさいには赴任しない遥任《ようにん》がふつうになる。

赴任しない別当にかわって安楽寺天満宮の事務と祭祀をつかさどるのは、その名も留守別当といって、十八代別当の善昇の子孫の系統によって継承される。留守別当家はやがて大鳥居、小鳥居にわかれ、大鳥居家が西高辻家にかわる。

菅原氏のなかから選ばれる別当職が赴任せずに、安楽寺天満宮の運営に支障はないのかという不安が生まれる。大宰府の政庁からの保護が希薄になり、かわって干渉と抑圧が激しくなるのではなかろうか、との不安も感じられる。

だが、もしも、大宰府の実質的な長官である大宰大弐に菅原氏の人間が任命されれば不安はない。不安どころか、大宰府からの保護はますます手厚くなり、安楽寺天満宮はますます興隆に向かうはずだ。

その、もしも、の事態がおこった。天元《てんげん》五年（九八二）に菅原輔正《すけまさ》が大宰大弐に任命されたうえに、式部権大輔《しきぶごんのたゆう》兼任となって大宰府へ赴任してきたのだ。

輔正は初代の安楽寺別当だった平忠の甥《おい》だから、道真の曾孫にあたる。大宰大弐がそもそも高官であるのに、赴任を前にして式部権大輔を兼任させられた。京都では、前例のない厚遇であるとして不審をしめす者があったという。

――菅原輔正さんは、あまりにも厚遇されておりますな。ひいじいさんの道真さんの不名誉が取消しになったといっても、これは前例がない。

――わたくしも、そう思います。輔正さんが赴任すると、何か、大変なことがおこるのではないでしょうか。他の家の方では間に合わないから菅原家の方を大宰大弐に任命したのだ、といったような――。

都の噂《うわさ》は的を射ていた。

輔正が赴任した翌年（天元六・九八三）、大宰府から京都へ、「天満大自在天神の新たな託宣《たくせん》が発せられた！」という重大な報知があった。別当の松寿が託宣をうけて輔正に報告し、輔正から京都へ報知されたのである。

このときの託宣の内容は、およそつぎのようなものであった。

一、藤原時平の一門の短命がつづくのは天満大自在天神と、その子孫を呪詛《じゆそ》したことにたいする報復である。

二、天満大自在天神の子孫が絶えることなく昇進をつづけているのは、天満大自在天神の加護の結果である。

三、菅原輔正は信心があつく、造塔写経《ぞうとうしやきよう》の大願を発したので、それにたいする天満大自在天神の計らいによって高官の地位があたえられたのである。

大宰府は天満宮の利害を代表する役所に

大宰大弐の菅原輔正から天満大自在天神の託宣なるものが報告されてきた。朝廷としては、これを請けなければならない。いや、託宣を請けるために輔正が大宰大弐に補され、赴任していったのだから、予定されたとおりの結果が生じたにすぎない。

円融《えんゆう》天皇の朝廷は、安楽寺天満宮にたいして、堰《せき》を切ったかのように矢継ぎ早な公的援助を開始した。四十六間の長さの回廊、常行堂《じょうぎょうどう》や宝塔院《ほうとういん》が建立されたうえに、これらの堂塔は円融天皇の御願によって建立されたことが正式に確定した。

天満大自在天神の託宣は、これからも連発される。菅原輔正が実質的な長官になっている大宰府政庁は、つぎつぎと発せられる天満大自在天神の託宣を京都にとりつぎ、政策として実現されるように催促するのが政務の中心となった。大宰府政庁はまるで、京都の朝廷にたいして安楽寺天満宮の利害を代表する役所のようになってきた。

安楽寺天満宮、大宰府に対して裁判をおこす

長元九年（一〇三六）三月三日、安楽寺天満宮では曲水《きょくすい》の宴《えん》がひらかれていた。楽しく、かつ、華やかな宴の最中に大宰権帥の藤原実成《ふじわらのさねなり》の郎党の源致親《みなもとのむねちか》が乱入し、寺のな

かを捜索し、雑物《ぞうもつ》を略奪した。

安楽寺が訴訟を起こし、勝訴した。藤原実成は大宰権帥を罷免《ひめん》され、中納言の職も解かれてしまった。安楽寺に乱入して乱暴し、雑物を奪った致親は強盗の罪で隠岐《おき》に流罪《るざい》となった。九州と壱岐《いき》、対馬《つしま》の二島を統括する大宰府にたいして安楽寺は裁判をおこし、勝訴したのである。画期的なできごとであった。

権帥の郎党の致親が、なにを目的にして安楽寺に乱入したのか、はっきりしたことはわかっていない。致親が大宰府に典薬允《てんやくのじょう》として勤務していたところから、西高辻信良氏は「薬物に関する問題ではなかったか」との推察をしめされている。(西高辻信良『太宰府天満宮』)

この時期、宋《そう》から輸入される品物のうち、もっとも価値があり、かつ希少なものは薬品であった。宋との貿易を管理するのは大宰府の職掌のうちでもっとも重要なものだ。安楽寺は、大宰府の目を掠《かす》めて、輸入品のなかでももっとも高価な薬品を密輸入していたのではなかろうか。

壱岐の島分寺は安楽寺天満宮の末寺に組み入れられていた。これによって壱岐島を通じての貿易——密貿易——が容易になった。筑前粕屋郡の大浦寺も末寺になっている。玄界《げんかい》灘《なだ》に面した大浦寺を末寺にもつのは、いいかえれば日宋貿易港の確保にほかならない。

この事件で、すぐに大宰府と天満宮との友好関係に終止符がうたれたわけではない。そう簡単には絶縁できないほど、両者は互いに相手を必要としていたのだ。

天満宮と宇佐八幡の勢力争い

嘉保《かほう》元年（一〇九四）、安楽寺と弥勒寺《みろくじ》、彦山《ひこさん》の神人《じんにん》、衆徒のあいだに乱闘事件がおこった。三者はそれぞれ別の問題をかかえて大宰府に訴えていたのだが、それが解決できないうちに三者のあいだに利害の衝突がおこって乱闘にいたったらしい。くわしい事情はわからないのだが、事件の性格ははっきりしていた。

弥勒寺は豊前の宇佐《うさ》八幡宮の神宮寺だ。安楽寺天満宮とは比較にならない古い由緒がある。

安楽寺の急成長に脅威を感じたのか、宇佐八幡宮は太宰府に土地をもとめていた。これにたいして安楽寺は豊前への進出をくわだて、宇佐八幡宮の領地のなかに土地を得ようとして大宰府に阻止されていた。豊前から筑前太宰府へ出ようとする宇佐、筑前から豊前に出ようとする安楽寺天満宮、双方の衝突によっておきた事件であった。

安楽寺と弥勒寺は長治《ちょうじ》元年（一一〇四）にも激しく争った。争いの原因はわからないのだが、双方の勢力拡大政策が衝突した結果の争いであろうと推測はつく。

天満宮、大宰府と観世音寺の争いにも介入

大宰府の政庁前通り、まず観世音寺があって、その西どなりが戒壇院《かいだんいん》、戒壇院のそのまた西どなりに「大宰府学校院跡」の標示がある。まさに「跡」であって、広い草原が麓にむかって広がっている。

だが、十一世紀のなかば、ここには文化の花が咲いていた。政庁に付属する学校には大宰府官人や、その子弟がまなんでいた。官人としての基礎教養のほかに、大宰府の政務を遂行するうえで必要とされる技術も伝授されていた。大宰府は外国交際の窓口でもあるから、外国語も教授されていたはずである。

学校院の東のとなりの戒壇院は観世音寺の施設である。観世音寺は奈良の東大寺に匹敵する権威をあたえられ、戒壇院は僧侶が出家するにあたって戒律《かいりつ》をさずける権限をもっていた。

どちらも国家の権威を笠《かさ》に着て、威厳を誇示している。学校院には「われらは筑前《ちくぜん》の国

司に付属する施設ではないぞ！」という誇りがあり、観世音寺には「われらは筑前の国分寺ではない！」の自負がある。意地のはりあいが土地の境界線の争いとなるのに時間はかからない。

学校院の上司の大宰府が調停にあたり、ときには和解し、ときには対立し、といった状況になっていたところへ、なんと、安楽寺天満宮が介入したのである。妥協の産物としてたてられた境界の牓示《ほうじ》を、安楽寺の関係者がひきぬき、学校院に有利な地点に立て替えるという乱暴なことをやった。牓示立て替えの痕跡をくらますこともしなかったらしい。つまり、確信犯である。

安楽寺天満宮は観世音寺を向こうにまわして争いますぞと宣言したのである。既成の権威の争いに、新興勢力の安楽寺が参加することを表明したことになる。

境界を接している土地で軽い騒動をおこして、相手が訴えるのを待ってましたとばかりに抗弁して対抗する。訴訟を審査して裁定するのは大宰府だが、大宰府の担当官をうわまわるほどの弁者と書類をととのえて、一歩も退かない。訴訟にもちこまれるのを計算して騒動をおこす安楽寺天満宮と、事件の勃発から最終審理まで、つねに受け身にまわる観世音寺の姿勢の相違だ。

ついに延暦寺と抗争をおこす

京都や奈良の巨大勢力が、九州の寺社に目をつけるようになった。九州では日宋《にっそう》貿易が盛んである。貿易に手を出して成功すれば巨大な利益が見込めるので、中央の勢力はあらそって九州の、なかでも大宰府周辺の寺社との関係を強化しようとこころみる。貿易を左右する権限は依然として大宰府にあるから、大宰府に近い寺社と手をむすぶのが手っとり早いわけだ。

宇佐八幡宮の神宮寺の弥勒《みろく》寺は京都の石清水八幡《いわしみずはちまん》と提携し、いつのまにか石清水の末社の位置にたつことになった。本来は弥勒寺を支配するはずの宇佐八幡でさえ、石清水の配下にくだる逆転現象が見られた。

石清水八幡のやりかたを、比叡山延暦寺がだまって見ているはずはない。奈良の東大寺や興福寺の権威が下降しつつあると判断し、いよいよ延暦寺が九州に勢力をひろげる時期が到来したと態度を固める。

延暦寺の九州進出の足場になるのは太宰府である。いきなり安楽寺天満宮を攻撃の目標としても勝てるはずはないとわかっているから、まずは宝満山の竈門《かまど》神社の大山寺（竈門神社）の別当職を手に入れ、おもむろに天満宮を取り込もうと画策をはじめた。

延暦寺は巧妙な策を弄《ろう》した。みずからの息のかかった僧を安楽寺の別当職に押し込もうという策をとったのである。

そもそも安楽寺の別当職は、菅原氏出身の僧を菅原氏が推挙して任命されるしきたりになっている。任期は六年という原則もきまっている。天満大自在天神を祀《まつ》る格別の寺として公認されてはいるが、菅原氏の氏寺としての本筋は堅持しているのである。寺院の別当職は朝廷から任命されるが、菅原氏出身の僧が菅原氏の推挙で任命されるしきたりだから、菅原氏の思うとおりの僧が別当になる。

だが、ここには欠点があった。安楽寺の別当職の候補者を、菅原氏のほかの勢力が推挙するのは不可能ではないという欠点だ。延暦寺はその欠点に付け込んだのである。

永久《えいきゅう》五年(一一一七)、延暦寺は在殷と厳実、もう一名、あわせて三名を安楽寺別当候補として推薦した。このうちのだれかが別当になれば、安楽寺に介入する途がひらける。延暦寺の介入を、あらかじめ阻止したわけだ。

菅原氏の氏長者の在良は怒り、在殷と厳実を菅原氏から追放する手続きをとった。延暦寺はおなじようなこころみが何度かくりかえされ、そのあいだに延暦寺は、竈門山寺の衆徒をけしかけて安楽寺天満宮と騒動をおこそうと画策した。天満宮が騒動を鎮圧できなけれ

宝満山遠望　かつての修験道の山で、英彦山との間を修験者が行き来したという

竈門神社下宮　宝満山の麓にあり、玉依姫命を祀る

ば、天満宮はみずからを統治する能力がないと称して朝廷に訴え、別当任命のしきたりを変更させようと狙っていた。

延暦寺の息のかかった僧が別当におさまれば、安楽寺そのものが延暦寺の末寺に組み込まれるのに時間はかからない。

みずからの系譜の人物を安楽寺の別当に推挙しようとする延暦寺の野望を、朝廷が承認することはなかった。太政官が、安楽寺別当の人事は菅原氏の推挙を原則とすべきであるという行政の原則を宣言したのである。

延暦寺は敗退したわけだが、あきらめないのである。山法師を動員して日吉《ひえ》大社の御輿《みこし》を京都に降ろし、安楽寺を滅ぼさなければ御輿を御所にかつぎこんで暴れるぞと朝廷を脅迫した。永暦《えいりやく》元年(一一六〇)のことだ。

日吉大社の御輿というと、白河《しらかわ》上皇を連想するひとが多いだろうと思われる。藤原氏の政治介入を押さえようとして荘園の整理に手をつけ、かなりのところまでは成功したのが白河上皇だ。

だが、その上皇でさえ、恐怖せざるをえないものが三件あった。その三件というのが鴨《かも》川《がわ》の水、博奕《ばくち》の賽子《さいころ》、日吉の山法師であったという。

このときの天皇は二条《にじょう》天皇、背後には父の後白河《ごしらかわ》法皇がひかえていた。後白河法皇は白河上皇の曾孫にあたる。二条天皇と後白河法皇は、藤原氏や延暦寺といった既成の権威に激しく抵抗する姿勢において提携していたのである。

神輿《しんよ》をもちこんでの脅迫に、天皇も法皇も屈しなかった。安楽寺の別当人事は菅原氏の推挙を基本とするとの太政官符を支持したのであった。

そのあとで延暦寺は、安楽寺を滅ぼすことがゆるされないのなら、せめて末寺に組み入れることをゆるしてほしいと願ったが、これは拒否された。安楽寺の抵抗の姿勢が弱かったならば、あるいは朝廷も延暦寺の言い分に耳をかたむけたかもしれないが、安楽寺の抵抗は頑固であったのだ。（西高辻信良『太宰府天満宮』）

安楽寺天満宮は、延暦寺の攻撃を押し返したのである。

託宣の決定打――「菅原道真を正一位・太政大臣にせよ！」

太宰府の安楽寺天満宮が、宇佐八幡宮や近江の比叡山延暦寺といった既成の大勢力と争っていたころ、天満大自在天神から、これ以上はない濃密な託宣《たくせん》がつたえられた。

「菅原道真を正一位に復し、左大臣を追贈すべし！」

菅原道真の、神としての名は天満大自在天神である。その天満大自在天神が、いまは安楽寺の廟所にねむる道真を——神になるまえの自分自身ということになる——正一位・左大臣にせよと託宣したのである。

なんともいえない神秘の印象をうける反面で、滑稽《こっけい》な感じがしないでもない。だが、神、人間、政治の三者の関係とはこういうものなのだ。

生前の道真の最高の位階は従二位、最高の官職は右大臣であった。位階も官職も生前のそれを超えるわけだ。

京都の朝廷の、どこかの役所の机上で贈位贈官の手続きがとられただけ——ではない。輔正《すけまさ》の弟の菅原幹正が贈位贈官の勅使に任じられ、京都から大宰府に出張し、安楽寺天満宮の社頭で菅原道真に正一位・左大臣を叙爵《じよしやく》した。

幹正が帰京したのと入れ替わるように、菅原為理が勅使として大宰府にやってきた。為理は輔正の子であり、勅使としての役目は菅原道真を太政大臣に昇進させるとの勅意をつたえることであった。

正一位で太政大臣——朝臣としてこれ以上の官位はない。最高の朝臣を祭神として祀るのが太宰府の安楽寺天満宮である、こういう事態になった。

束帯天神像　（大阪天満宮蔵）

安楽寺天満宮の地位をここまで上昇させたのは、もっぱら大宰府の官人たちの奮闘であった。この点を重視すると、天満宮は菅原氏の氏寺の次元をのりこえて大宰府官人という集団の社になったと言い換えてもよかろう。

安楽寺天満宮をしっかりと抱えこむことによって、大宰府は朝廷にたいする重みを獲得した。

――こちら大宰府を軽視なさると、安楽寺天満宮に祀られている天満大自在天神を軽く扱うことになりますぞ！

朝廷によって任命される大宰府の官人が、任命権者の朝廷を恫喝《どうかつ》する――あるはずのないことを可能にしたもの、それが太宰府の安楽寺天満宮である。そういうことがいえそうだ。

平清盛《たいらのきよもり》も荘園を寄進した

九州一円の安楽寺の荘園はますます数が増え、総面積は膨張してくる。荘園が増加する分だけ国衙《こくが》領が減少してくるわけだから、九州を管轄する大宰府の政務は縮小されてくるのではないか――いやいや、事態はむしろ反対である。

多くの荘園が安楽寺天満宮に寄進されるよう所有者をうながし、寄進された天満宮領の荘園における農業が順調におこなわれることや、所有の安全が確保されるように大宰府の公権力を行使する、それが大宰府官人の主たる業務になってくる。

花山《かざん》天皇が遍知院を御願として建立したかと思うと、つぎの一条天皇が筑前《ちくぜん》の博多庄と大浦寺庄を寄進し、中法華堂を建立する、といったように天皇や京都政界の実力者、大宰帥や権帥、大宰大弐がつぎつぎと荘園を寄進し、伽藍《がらん》を増築した。承安《じようあん》三年（一一七三）には肥前《ひぜん》の牛島庄が寄進され、寄進者として平清盛《たいらのきよもり》の名が出てくる。（西高辻信良『太宰府天満宮』）

肥前の沿岸の荘園は、大陸貿易の基地としてきわめて有用であった。藤原惟憲《これのり》という公卿はみずから大宰大弐を希望して任命されたそうだが、かれの目的は安楽寺の名にかくれて大陸貿易に投資し、巨利をあげることだったらしい。こういうタイプの大宰府官人が惟憲だけだったはずはない。

「御殿の戸が鳴った」――神幸祭のはじまり

康和《こうわ》三年（一一〇一）の正月、六十一歳の大江匡房《おおえのまさふさ》は太宰府の安楽寺天満宮で内宴をひらいた。

京都では、天皇の常の御所の仁寿殿《じんじゅでん》で、春の到来に感謝し、祝い、招かれた廷臣が詩をつくって献じる。内宴に招かれるのは学者、詩人として最高の晴れの舞台である。

太宰府では、四度の行事のうち、年初におこなわれる天満宮の内宴では、天満大自在天神のまえに大宰府官人と天満宮の別当が集まり、天神の遺徳を讃えて詩を献じる。

匡房は「多くの者が春の到来を悦《よろこ》んでいる」の題で詩をつくった。菅原道真を「風月の本主、社稷《しゃしょく》の昔臣」として讃え、自分自身を菅原家が主宰していた学問所——菅家廊下の末裔にあたる者ですと、因縁を強調した。

内宴の参加者がつぎつぎと詩を披露し、夜も更《ふ》けてきた。そして、奇蹟がおこった。

——カタッ！

天満宮の本殿の戸が鳴ったのだ。鳴るはずのないときに、鳴るはずのない戸が、はっきりと音をたてた。

——われらの詩に天満大自在天神が応えてくださったのだ！

天神が応えてくださった。そのことを確認したしるしとして、盛大な祭礼をはじめようと匡房は決意した。こうしてはじまったのが安楽寺天満宮の祭礼のなかで最も重要とされている秋の例祭と神幸祭だ。

最も重要な祭礼・神幸祭

神幸祭は九月二十一日から二十五日までおこなわれる。祭礼にさきだって、神幸の道すじに張りめぐらせる注連縄《しめなわ》の新調作業からはじまる。九月一日に、本殿から榎社《えのきしゃ》までの道すじの各所に注連縄を立て、道すじを祓《はら》う儀式がある。

九月十一日、神幸に使う御道具を取り出して点検、整備をおこなう。

その後、神官たちは潔斎《けっさい》の生活をはじめ、神輿《しんよ》を担う役の氏子《うじこ》たちは朝早くに天拝山紫藤の滝で、汐干取と称する禊《みそ》ぎをおこなう。道真が天拝山で禊ぎをした伝承にならうのである。

二十二日の夕方、本殿で神霊を神輿に移す儀式がおこなわれ、いよいよ神幸祭の開始である。午後八時に神輿が本殿を発して心字池をわたり、馬場の休輿所で休輿して塵払いの儀式がある。心字池の神聖の意味が、このときに実感される。

神輿を車に奉安し、神職は騎馬で神輿の前後に従い、行列は天満宮から五条を通って榎社にむかう。一の注連に到着すると、榎社のあたりの住民代表が高張と手丸の提灯《ちょうちん》をささげて出迎える。天満宮から榎社までの道は「どんかん道」の名がある。道真の遺骸をのせた牛車が進んだ道筋だ。

つぎの朝、榎社の行宮《あんぐう》で献饌《けんせん》の儀があり、舞いが奉納され、天満宮にもどる「御上がり」の供揃えがおわった時点で天拝山を拝む行事がある。

「どんかん道」を通って天満宮の本殿にむかい、神輿が神橋をわたると境内は消灯されて内陣に霊が安置されて神幸祭はおわる。

第七章

画像が語る、道真の〝渡唐伝説〟

スマートでポシェットを掛けた天神さま――渡唐天神

渡唐天神《ととうてんじん》という言葉をきいたことはありませんか。トトウテンジン――たいていは画像です。

これが、じつに格好がいい。

スタイルは中国風、頭巾《ずきん》をかぶり、両の手先は長袖のなかに隠している。両袖で一本の梅の枝をもっている。口髭《くちひげ》と顎髭《あごひげ》を生やしているのがふつう。

まっすぐに立ってこちらを向いている絵が多いけれど、個性的なポーズをとっているのもある。鉄山宗鈍という僧が賛《さん》をしている墨色一色の渡唐天神は、腰をやや左に引いて身体を斜めにし、両手で抱える梅の枝に顔を寄せている。梅の香をじーっと味わっているような構図は、天神さんというよりは仙人の感じに近い。

福岡の水鏡天満宮に所蔵されている渡唐天神像は、江戸時代の享保《きょうほう》十四年(一七二九)に製作されたことが判明している。木造彩色の立像で、台座の裏には製作の事情が書かれている。筆者は太宰府戒壇院《かいだんいん》の住職の運照という僧であり、それによると、京都の仏師の正慶が太宰府天満宮の飛梅《とびうめ》の木を材料として、戒壇院で製作したのだという。天満宮の飛梅の古木を若木に植え替えるときに製作したということだろうか。

渡唐天神像　（京都市・興聖寺蔵）

渡唐天神のスタイルで、じつに愉快でおもしろいのは左の肩から右の腰に——つまり袈《け》裟《さ》がけに——下げている紐《ひも》つきのポシェット。かなり大事なものが納まっているにちがいないと思われる。ポシェットを袈裟がけに掛け、梅の枝をかかえている老人の画像を見たなら渡唐天神だと思ってまちがいはない。

江戸時代の女性の天皇の明正《めいしょう》天皇の作品といわれる押絵渡唐天神像（大阪の佐太天満宮所蔵）は、蒔絵《まきえ》の厨子《ずし》の扉をひろげると金箔《きんぱく》の地のなかにスッキリした描写の渡唐天神像がうかびあがってくる。蒔絵で金箔だから豪華なものではあるが、天神の印象としてはスマートである、重々しいところがない。

渡唐とは、もちろん「中国に渡った」という意味だ。だが、菅原道真が中国へ行ったことがないのははっきりしている。日本にやってきた中国の文人や僧侶と特別に親しくしていたこともなさそうだ。それなのに、なぜ、渡唐天神という不思議なイメージが数多くの画像につくられ、菅原道真に擬《ぎ》せられているのだろう。

道真の末裔《まつえい》がつくった光明禅寺

西鉄の太宰府駅をおりると、すぐに天満宮の参道がはじまる。両側から「ご参詣の記念に梅ヶ枝餅を……」とよびかける声のなかを進むと、石の鳥居がある。

鳥居はくぐらず、すぐに右にまがって歩いてゆくと、小川をわたったところが神護山光《こう》明《みよう》禅《ぜん》寺《じ》。天満宮からそれほど離れているわけではないが、天満宮とはうってかわって閑静な雰囲気のお寺だ。

鎌倉時代のなかごろ、鉄牛円心《てつぎゅうえんしん》という僧が創建した臨済宗東福寺派の禅寺である。本堂の前の庭は仏光石庭の名がある。七・五・三、あわせて十五の石を「光」という字のかたちに配置してあるから仏光石庭の名がついた。九州では唯一の石庭だそうだ。

光明禅寺を創建した鉄牛円心は太宰府の生まれ、菅原道真の末裔《まつえい》である。

安楽寺が官寺の性格になってからも、別当の職は菅原氏による世襲がつづいた。太宰府では菅原氏の一族が優勢になってきた。

鉄牛円心上人も菅原氏の一族として太宰府に生まれたが、安楽寺の別当になる展望があったわけではないらしい。別当の人事をきめるのは京都の菅原家であって、太宰府の菅原家の思いどおりにはならない。

安楽寺の別当にはなれないが、なんらかのかたちで安楽寺に関係して生きてゆくことは可能であり、むしろ義務のようなものになっていた。それが鉄牛円心の宿命であったろう。

仏教の修行をして、安楽寺に関係の深い寺院を創建しよう——鉄牛円心はこういう方向に人生の目標をさだめたようだ。

仏教の新しい波——禅宗の世界に鉄牛円心は足をふみいれた。太宰府の崇福寺《そうふく》に宋《そう》から帰国した円爾弁円《えんにべんえん》（聖一国師）が住職をつとめていたので、鉄牛円心はこの円爾弁円に禅をまなんでいた。そこで、不思議な事件——渡唐天神の伝説——が生まれるのである。

浙江省《せっこう》に突如出現した〝天神さま〟

太宰府の北の四王寺山の麓《ふもと》には、大小さまざまな寺院が甍《いらか》をならべていた。太宰府の寺といえば観世音寺《かんぜおんじ》が抜群に有名だが、そのほかにも大きなお寺があった。

観世音寺の北、横岳にあったのが崇福寺《そうふくじ》である。駿河《するが》（静岡県）の出身、天台宗の僧であった円爾弁円は鎌倉の寿福寺《じゅふく》の退耕行勇から禅をまなんで発奮し、本格的な禅を修行するために中国の宋にわたった。嘉禎《かてい》元年（一二三五）のことだから、菅原道真が没してはやくも三百年あまりがすぎていた。

何人かの師にまなんだあと、円爾弁円は浙江省《せっこう》の径山万寿禅寺《きんざんまんじゅぜんじ》の無準《むじゅん》師範に師事して

観世音寺　斉明天皇の供養のために、子の天智天皇の発願で建立された

神護山光明寺　太宰府天満宮に隣接する禅宗の寺院

印可《いんか》をうけ、仁治《にんじ》二年（一二四一）に帰国、博多に承天寺を、太宰府の横岳に崇福寺を、京都に東福寺をたてた。

ある朝——曖昧《あいまい》な言い方しかできないのがくやしいが、渡唐天神の伝説にはさまざまなパターンがあって、容易なことではかたづけられないのである——無準師範が万寿禅寺の庭を見ていると、ひとむれの茆《じゅんさい》が生えていた。

「昨夜まではここには茆などは生えていなかったのに、不思議なことだ」

無準師範の目のまえに、人間のような、神さまのような、これまた不思議な感じのものが出現した。

その不思議なものは、両手で一本の梅の枝をかかえていた。

「あなたは、だれかな？」

無準師範の質問に不思議なものはこたえようとしない。返答のかわり、とでもいうように、庭の茆を指さした。

だが、さすがは無準師範である、不思議なものが投げかけた謎のサインを、すぐに解いたのだ。

「無言のまま、一夜のうちに生えた茆を指さす……茆は萱《かや》である、菅《すげ》とおなじである……

ははあ、あなたの名をきいたことがあるよ。日本の菅原という神だ」

すると神人はあいかわらず無言で、手にもっていた梅の枝を呈上し、しずかな声で一首の歌を詠んだ。

唐衣　織らで北野の神ぞとは
　袖にもちたる　梅にても知れ

光明禅寺の伝衣塔は何を伝えるのか

円爾弁円《えんにべんえん》は太宰府から京都へ出てゆき、前関白《さきのかんぱく》の九条（藤原）道家《みちいえ》が建立《こんりゅう》した東福寺の第一世に招じられた。奈良の東大寺の「東」と、おなじく奈良の「興福寺」の「福」をあわせて「東福寺」としたのだそうだ、規模も構想も壮大である。

渡唐天神《ととうてんじん》の神威とイメージは、円爾弁円の東福寺門流によってひろまっていったと思われる。

円爾弁円が京都へ出ていったあと、福岡の承天寺の住職になったのが鉄牛円心であったそうだ。その鉄牛円心のところに天神があらわれ、「無準《むじゅん》師範からいただいた僧衣を安全に保管してくれぬか」と依頼した。太宰府天満宮の祭神であり、偉大な先祖でもある天満大自在天神の依頼だ、鉄牛円心が拒否するはずもない。

「僧衣を保管するために、わたくしが一寺を建立いたします」

このようないきさつで建立されたのが光明禅寺である。「太宰府の苔《こけ》寺」といわれ、美しい庭園の苔が愛されているが、光明禅寺は渡唐天神《ととうてんじん》という、じつにユニークな天神さまの本拠地であるわけだ。

光明禅寺から南へあるいてゆくと、伝衣塔《でんえとう》の案内板がある。崖の手前に大人の背丈ほどの石があり、そのうえにチョンとのっているのが伝衣塔だ。

渡唐天神から円爾弁円に、そしてまた天神から鉄牛円心に伝えられた僧衣を保管する決意のしるし、それが伝衣塔の起源だと説明されている。

径山万寿禅寺の無準師範から授けられた僧衣だから貴重品である、損なわないように大切に保管してくれよ、というのが伝衣塔にこめられた精神ではない。

僧衣は禅そのものだ、禅の教えを大切に伝えてくれよ、というのが伝衣塔の「伝」の意味なのだ。だから、肩から下げたポシェットに入れ、「ご覧ください。肌身《はだみ》離さずに守っていますよ」といったり、塔をたてて大切にする姿勢をしめしたわけだ。

——現代の世に、渡唐天神は何を訴えているのか、それがわからなくなったら、ともかくもこの塔のまえに立って瞑想《めいそう》してはいかがかな。

そんな言葉がきこえてくるようだ。

伝衣塔の苔《こけ》にまつわる悲しい伝説

光明禅寺の庭は苔《こけ》の名所でもある。

ということは、このあたりの土地の性質が苔の生育に適しているのをしめしている。光明禅寺に隣接している伝衣塔のあたりにも、苔が生えているのがわかる。

この苔について、悲壮な感じの伝説ができあがっているのである。伝説というと、平安時代とか奈良時代とか、とかく古い時代にできあがっているのがふつうだが、伝衣塔の伝説は新しい。

昭和のはじめ、多くの青年が海を渡って中国の戦場に出ていった。出征兵士の無事帰還を祈って千人針がつくられた。一枚の布に兵士の名を書きしるし、親戚縁者をとわず、だれでもいい、名前やメッセージを書いてもらって戦場に送る慰問袋におさめたものだ。

「はやく帰ってください！」なんていう文章を書いたのがバレると叱られるから、「武運長久を祈る！」などのきまり文句しか書けないのが辛《つら》かった。

出征兵士の無事を祈るひとは、伝衣塔の苔をむしりとって慰問袋のなかに入れたのである。一夜のうちに中国の杭州《こうしゅう》へ往復した渡唐天神《ととうてんじん》にあやかろうと、悲痛な願いを苔に託したのだ。

「そのため戦争中は、伝衣塔の苔がすっかりなくなったといいます。人々の切ない思いが偲《しの》ばれるお話です」（大隈和子『太宰府　伝説の旅』）

光明禅寺建立にまつわる梅壺《うめつぼ》の悲劇

光明禅寺の伝衣塔《でんえとう》の手前に小川がながれている。あんまり細い流れだから川というのは無理かもしれないが、むかしは深くて大きな川であったはずだ。

この川に、梅壺《うめつぼ》という女性が身をなげて死んだという伝説がある。身をなげたというからには、深くて大きな流れであったにちがいない。川のなかに「藍染川《あいぞめがわ》─梅壺侍従蘇生《そせい》の碑」ときざんだ石碑がたっている。

天満宮の中務《なかつかさ》頼澄という宮司が京都に出ていった。いつごろのことか、時代ははっきりしない。

中務頼澄は梅壺という京都の女性と親しくなって、男の子が生まれ、梅千代と名づけられた。用事がすんだので、頼澄は梅壺と梅千代をのこして太宰府にもどった。

数年して、梅壺が梅千代をつれて太宰府にやってきた。宿の主人の手を通して頼澄に手紙をとどけようとしたが、あいにく頼澄は留守であった。悪いことに、頼澄の妻が梅壺の手紙をうばいとって読んでしまった。

妻は、頼澄の名で偽りの手紙を書いて梅壺にとどけた――「あなたにも梅千代にも逢うつもりはない。京都にもどってはどうか」

偽りの手紙をうけとった梅壺は、梅千代をのこして藍染川に身をなげてしまった。

まもなく駆けつけた梅千代が母の死骸にとりすがって泣いていると、そこへ通りかかったのが頼澄であった。

梅壺の懐に偽りの手紙を見つけた頼澄は、天満宮にあつい祈りをささげ、梅壺の命がもどるようにと願った。

頼澄と梅千代の祈りはききとどけられた。梅壺は息をふきかえしたのである。だが、頼澄には妻があり、妻と離婚する気はなかったらしい。

頼澄といっしょに暮らすことも、京都にもどることも、どちらもあきらめた梅壺は尼になり、太宰府の町外れに庵《いおり》をかまえて仏に仕える一生を送った。

梅壺と頼澄の子の梅千代はどうなったか。伝説によれば、母が蘇生した場所を聖地としてお寺をたてた。それが光明禅寺だそうだ。（大隈和子『太宰府　伝説の旅』）
鎌倉時代に盛んになった禅宗の世界で、天満大自在天神を禅宗として理解しようというこころみがはじまった。渡唐天神はそのこころみの結果であった。
禅宗という新しいタイプの仏教に、「理解してみたい！」という衝動をあたえたほど天神は魅力があったのだ。

第八章

太宰府と源平の関係を読み解く

平家の棟梁《とうりょう》の墓が太宰府小学校の運動場に

平清盛《たいらのきよもり》の長男の重盛《しげもり》は京都の東山、六波羅《ろくはら》の小松第《こまってい》に住んでいたので、小松内府《だいふ》とよばれていた。内府とは内大臣のことだ。

清盛の指導権が弱くなってからの平家一門の棟梁《とうりょう》は重盛だが、弟の宗盛《むねもり》や妹の徳子《とくこ》と母がちがううえに、平氏に協力的でない藤原成親《ふじわらのなりちか》の妹を妻にしていたので、孤立している感じもあった。

治承《じしょう》三年（一一七九）、熊野《くまの》参詣の途中で重盛は病に倒れ、亡くなってしまった。平氏が滅亡する悲劇を見ずに死んだのは幸運だったかもしれない。

重盛の墓は京都にたてられた。

ところが、太宰府小学校の運動場の西北の隅に石の祠《ほこら》があって、むかしから、小松重盛《しげもり》の墓だといわれてきた。

西鉄の太宰府駅から右手へゆくと天満宮の参道、左へ行って光蓮寺の交差点から右にまがって御笠川をわたると太宰府小学校だ。

むかしは祠のなかに墓石があり、「小松内大臣重盛公之墓　正安《しょうあん》二年」ときざまれていたそうだ。正安二年は西暦一三〇〇年である。（大隈和子『太宰府　伝説の旅』）

重盛の墓が京都にあるのはわかっているから、これはいわゆる分骨の墓、あるいは礼拝墓にあたるわけだ。

重盛の父の清盛の家令——支配人のような役目をしていたのが平貞能《たいらのさだよし》である。父の家《いえ》貞《さだ》の代から清盛に仕えていた。重盛の墓を京都にたてたのは貞能であったろう。

その貞能が京都にいられなくなった。木曽義仲《きそよしなか》を先頭にして源氏が侵入してきたからである。

平氏一門は安徳《あんとく》天皇を擁して、西へ西へと逃げてゆき、ひとまず太宰府に落ちついた。貞能は二度と京都にもどることはあるまいと覚悟したのだろう、重盛の遺骨を分けて太宰府にもってゆき、墓をたてたのだろうといわれている。

——主人の墓をまもってわが生涯をおわろう。

そんなふうに決意していた貞能であったかもしれないが、決意のとおりにはならなかった。どこまでも平家一門としてやってゆく決意が鈍り、源氏方の宇都宮朝綱《うつのみやともつな》を頼って東国に移ってしまった。こんどは、重盛の墓から分骨して東国にもってゆく気分の余裕はなかったらしい。

太宰府と平家一門の関係——歴史の話題としてはそれほど有名ではないが、じつは、なかなか興味ぶかいものがある。

大宰大弐になった平清盛

大宰府は九州の九ヵ国と壱岐《いき》、対馬《つしま》の二島を総括的に支配する役所であったが、大陸や朝鮮半島との貿易の窓口の役割もはたしていた。

京都の朝廷の出先機関として大宰府は貿易をやっている。利益は京都にはこばれていって地元は潤《うるお》さないはずだが、じっさいには、そうではない。公的な貿易にともなう密貿易で、博多港をかかえる筑前《ちくぜん》は大いに賑《にぎ》わったのだ。

保元・平治の乱で頭角をあらわした平氏が、その筑前に目をつけた。源氏が東国に勢力をのばしていったのにたいし、平氏は西国、九州に軍事と政治、そして経済の基盤をつくっていった。

平正盛《まさもり》は近畿や四国、中国の受領《ずりょう》（国守）を転々としていたが、肥前《ひぜん》の藤津荘の平直澄を征伐したのをきっかけに九州との関係がふかくなった。

正盛の子の忠盛《ただもり》は瀬戸内海の海賊を二度にわたって征伐した。海賊とは貿易集団の別名である。忠盛もいってみれば海賊なのだが、軍事的・政治的に強力な海賊だったから、弱小海賊と戦って勝ち、「海賊を退治しました」と朝廷に報告し、褒賞《ほうしょう》にあずかって九州の北の沿岸に勢力をきずいた。

忠盛の子の清盛が保元の乱で活躍して後白河《ごしらかわ》天皇の信頼をかちとり、まず播磨守《はりまのかみ》になって瀬戸内海の治安の権利を手に入れた。そして、九州地方の警備を強化しなければ瀬戸内の治安は不可能だという理屈をつけて、大宰大弐《だざいのだいに》に任命されることを望み、成功した。

清盛のつぎには弟の頼盛《よりもり》が大宰大弐になった。清盛は赴任しなかったが、頼盛は大宰府に赴任して、政界をおどろかせた。ふつうのお公家《くげ》さんは役職の格の上下だけしか関心がないが、新興勢力の武士の平氏は九州に勢力をきずくのが目的、大宰大弐はそれに必要な手段だとかんがえている。赴任しなければ意味はない。

このころには大宰帥《だざいのそち》や権帥《ごんのそち》の任命は形式だけのもの、実質的な大宰府の長官は大弐であった。清盛から頼盛へと、大宰大弐の官職が世襲されたかのような事態になり、平氏の九州支配はいよいよ強固になるのである。

頼盛の九州支配は巧みなものであった。九州の有力者の原田種直《はらだたねなお》を大宰権少弐《しように》に任命して大宰府の政務のじっさいを任せた。このやりかたは現地勢力を懐柔するうえで有効である。

安楽寺天満宮については、まず肥前の牛島庄を寄進し、当時の別当《べっとう》の安能《あんのう》を味方にひきつけた。宇佐の八幡宮の宇佐公通を大宰権少弐に任命し、豊前守にもしてやった。

――大宰府の高官をわれらの一派でかため、安楽寺天満宮や宇佐八幡宮も手なずけた。これでもう、九州で怖《こわ》いものはない。

したたかな政治手腕を発揮して清盛は胸を張ったことだろうが、まさか、おのれの死後に、その大宰府へ平氏の一門が逃げてゆくとは思わなかった。

安楽寺別当の安能《あんのう》が平家に急接近

平清盛は安徳天皇と高倉《たかくら》上皇を擁して摂津《せっつ》（兵庫県）の福原《ふくはら》に遷都した。治承《じしょう》四年（一一八〇）六月のことだ。結果からみて、福原遷都は短期におわってしまうので、遷都よりは行幸というのが正しいという見解もある。しかし、政権掌握者の清盛が「遷都する」と宣言して天皇を福原に移したのだから、いかに短期であろうとも遷都というべきだ。

福原遷都の大騒ぎについては、鴨長明《かものちょうめい》が『方丈記』にリアルに描写している。京都の自宅の建物を如何《いか》に処分すべきかと悩む公卿、福原にゆかねば罰せられるのではないかと恐れる公卿など、さまざまだ。

太宰府の安楽寺天満宮の別当安能も福原に別荘をつくった。京都にあった邸《やしき》を福原に移したのだろうが、その邸が摂政の藤原基房《もとふさ》の宿舎として接収された。いや、安能のほうから「どうぞ、お使いください」と申し出たのだろう。

福原における天皇や上皇、宿舎の配置をみると興味ぶかい事実がうかびあがってくる。安徳天皇の宿舎――内裏《だいり》というべきだが――は平中納言頼盛《よりもり》の家にきまった。頼盛は自邸を内裏として進呈した功績として正二位に昇進した。高倉上皇の宿舎――院御所というべきだろうが――は清盛の邸、後白河法皇の邸は平宰相教盛《のりもり》の邸、そして摂政の藤原基房は安楽寺別当の安能の邸におさまった。

天皇と二上皇の分身ともいうべき高位の摂政基房、その基房の宿舎として安能の別荘が提供されたのだ。これはまるで、別当の安能が平氏政権の中枢の一角を占めていると見られても仕方のない構図である。いや、安能自身、

――いまや安楽寺天満宮は平氏の政権を支える最も太い柱なのだ！

この意識に燃えていたかもしれない。そうだとすれば、福原の邸を摂政の宿舎に提供するのは当然だ。

敗走に次ぐ敗走、平氏は太宰府へ

福原の都は半年のうちに廃され、平安京にもどった。年がかわって養和《ようわ》元年(一一八一)、高倉上皇が亡くなり、つづいて最高実力者の清盛も逝った。不安におののく平氏に追い打ちをかけるかのように、九州で叛乱《はんらん》がおこった。大宰府が焼かれそうだという情報があり、平貞能《さだよし》が追討軍をひきいて出征した。このときに小松重盛《しげもり》の分骨をもっていったのだろう。

貞能は肥後国の目代《もくだい》を追放し、数万の軍勢をひきつれて京都に凱旋《がいせん》するという噂《うわさ》があった。ここまではよかったのだが、いざ帰京した貞能はわずか数千の兵しか連れていない。どうも様子がおかしいと不安がひろがり、豊後《ぶんご》で平家に反対する勢力が決起したなど、不安を煽《あお》る噂がひきもきらない。

つぎの年は木曽義仲《きそよしなか》と在京の平氏の角逐《かくちく》で経過したが、そのまたつぎの年は平氏の敗走に次ぐ敗走の一年になった。

寿永《じゅえい》二年(一一八三)、平宗盛《むねもり》は安徳天皇を推戴《すいたい》して京都を脱出、西海にむかった。太宰府へ着いたのが八月である。

平氏政権を支持する勢力が強いはずの九州だが、平貞盛《さだもり》が思うように軍隊をあつめられなかったのをかんがえると、はたして九州は平氏をあたたかくむかえ、保護してくれるだろうか？

平家が天満宮で開いた連歌の会

太宰府の安徳《あんとく》天皇の内裏《だいり》は、四王寺《しおうじ》の座主坊の善正寺《ぜんしょうじ》があった坂本につくられた。坂本は大宰府政庁の裏にあたるから、四王寺山と大宰府政庁にはさまれ、安全な場所だというところから内裏になったらしい。いまは善正寺跡と通称され、戌薬師《いんのやくし》とよばれるちいさな祠《ほこら》が安徳天皇の不安をつたえるかのようにたっている。

『平家物語』は、天皇の内裏は「山のなか」だったと書いている。そして、「あの木の丸殿もこのように侘《わび》しい内裏であったのだろうかと、かえって優雅な気分になったひともいる」と表現している。「木の丸殿」とは、かつて天智天皇が九州に遠征したとき、筑紫の内裏とされたところだ。

さきに貞能《さだよし》がひきつれて上京した九州勢の菊池高直は、宗盛に付いて九州にもどってきたが、「大津山の関所を通過できるように、ひとまずお先へ」といって出ていったきり、もどってこない。大津山関は肥後《ひご》と筑後《ちくご》の国境の関所である。

原田種直《たねなお》も貞能にひきいられて上京した九州勢だが、この原田は宗盛のもとから去らずに、最後まで源氏と戦う覚悟をかためていたようだ。九州の在地勢力の大半は「いますぐお味方に参ります」と返事をしただけで、一向に姿を見せない。

平家の一門は安楽寺天満宮に参拝して、連歌《れんが》の会をひらいた。天満大自在天神に歌を捧げ、加護をたまわろうというのである。清盛の五男の重衡《しげひら》が、こういう歌を詠《よ》んだ。

すみなれし　ふるき都の恋しさは
　神もむかしに　思ひしるらむ

京都から追放されてきた菅原道真の望郷の想いを、おのれの望郷にかさねている。それはいいとしても、京都を追われてまだ日も浅いのに、二度とふたたび京都にもどれないかのような悲痛な望郷、これでは前途が不安でいっぱいだ。

以上は『平家物語』が語るところだが、『源平盛衰記』では、もうすこし、はなしがふくらんでいる。「すみなれし」の作者は平重衡ではなくて藤原経正《つねまさ》、歌詞もちがう。

すみなれし　ふるの都の恋しさに
　神もむかしを　わすれたまはじ

「これが飛梅だ」と教えた童子

菅原道真が神として祀《まつ》られて天満大自在天神となった。そもそも道真がここ大宰府に配されたのはと、平氏の面々は二百八十年もむかしの朝廷の暗闘を回顧する。

道真が「東風《こち》ふかば……」と歌ったのに感じて、京都の紅梅殿の梅の枝が裂けて割れて、雲居《くもい》はるか、大宰府まで飛んできた。

紅梅殿には桜の木もあったが、いかなる理由であるのか、天神のお声がかからなかったから、あわれ、桜は一夜のうちに枯れてしまった。源　順《みなもとのしたごう》が「梅は飛び……」と詠《よ》んだのは桜の心境を察したからであろう。その源順の桜の歌というのが、

　梅は飛び　桜は枯れぬ　菅原や
　　深くぞ頼む　神の誓いを

源順は嵯峨《さが》源氏《げんじ》、三十六歌仙のひとり。文章道の出身だから菅原道真にはとりわけ親近感をいだいていたはずだという思いこみが『源平盛衰記』の前提になっている。

源順の歌を通じて、道真の悲痛な境遇に思いをいたしながら、安楽寺天満宮の境内を逍《しょう》遥《よう》する平氏の公達《きんだち》。

「そういえば、天神を慕って京都から飛んできたという飛梅は、どの木であるか」

「おびただしい数の梅の木だが、飛梅は一本しかないはず……」

突然、ひとりの童子が出現した。一本の古木の梅の木の下に立って、

　これやこの　東風ふく風にさそはれて
　　あるじたずねし　梅の立ち枝は

そう歌ったかと思うと、童子の姿は忽然《こつぜん》と消えていた。

「天神の影向《ようごう》に相違なし！」

「われらを……」

「あわれと、おぼしめされて……」

平氏の公達は「渇仰《かつごう》の頭《こうべ》を傾けた」と『源平盛衰記』は描写する。神が、なにものかの形になってあらわれるのを影向という。天満大自在天神は童子の姿になり、飛梅をそれと教えてくれた。それはそれ、平家の公達を慕って京都から飛んできてくれる梅は、桜は、あるのだろうか。

一門総滅の門出

豊後《ぶんご》の緒方惟義《おがたこれよし》をはじめとする勢力の妨害がはげしく、思うようにならない。惟義が三

万騎の軍勢をひきいて押し寄せてくるという噂《うわさ》が出たときには、もはや太宰府にふみとどまる勇気は失われていた。

「天神はわれらを加護したまわぬ！」

飛梅はこれと教えてくれた童子がもういちどあらわれて、この先をいかにすべきか教授してくれるのではないか——かすかな希望ももっていたが、かなわなかった。

頼りにならぬ天満宮の注連縄《しめなわ》のほとりから離れ、まず水城を抜け、それから箱崎へ、そして長門の壇《だん》ノ浦《うら》へと移っていった。

大宰府の官人にとって、水城の門は歓《よろこ》びの門であった。かならずしも望んだことではない地方官の勤務をおえ、在任中にこれといって失態もなければ、任期が満ちて都にもどれる。

都にもどれば、なにがしかの昇進が待っているはずだ。そう思うだけでも軽くなる足取りでくぐるのが水城の門なのだ。

だが、平氏の一門にとって、これは歓びの門とはいいがたい。一門総滅《そうめつ》の門出と悟っていたのは、はたしてだれであったか。

天満宮別当の糾弾が始まった

平氏は長門の壇ノ浦で総滅し、源頼朝が相模《さがみ》の鎌倉に幕府を樹立する日は近づいた。それまでのあいだ、諸国を支配するのは後白河《ごしらかわ》法皇の院政政権である。平家に味方した原田、板井、山鹿の各氏が所有していた荘園はすべて没収され、源氏の諸氏に配分された。

文治二年（一一八六）の春ごろから、安楽寺天満宮の別当安能《あんのう》を糾弾《きゆうだん》するうごきが強くなってきた。安能にかけられた容疑は「平氏のために祈禱《きとう》したのではないか」というものである。頼朝が鎌倉から京都へ安能の容疑について報告したのだが、それには宇佐神宮の宮司から提出された書類が添えてあったという。

宇佐神宮と安楽寺天満宮、北九州を二分する神社勢力の争いが、平氏総滅のあと、こういうかたちをとったわけだ。

頼朝は安楽寺別当の職を安能から全珍に交代させようと計画していたようだ。だからこそ、「安能が平氏のために祈禱した」との噂《うわさ》がちからを得たわけでもある。そうと知った安能は、別当就任以来の功績をみずからかぞえあげて記録した書類を京都へ送ってきて、抗弁の材料とした。「平氏のために祈禱した」との容疑をふりはらわなければ、別当職をうしなうおそれはもちろん、命の危険もあるのだ。

瓦葺き、二階、一間四方の経蔵を建立

毎日御供を調味した（前例がないことです）

宝前で毎月一万巻の観音経《かんのんきょう》を展読《てんどく》

宝前で毎日法華経《ほけきょう》一巻を展読

宝前で大般若経《だいはんにゃきょう》を展読

（以上の三件は上皇さまの御願としておこなったものです）

宝前で毎月二十五日の天神の御月忌に法華八講を勤修《ごんじゅ》（それまでは阿弥陀経《あみだきょう》を展読するだけでありました）

毎月十人の僧をまねき一字三礼《さんらい》をして如法経《にょほうきょう》を書写させて銅筒におさめて宝殿に納めた

寺内の諸社に御灯を供じた

北野の宮寺などに夜灯を献じた

功績を列記したあとで安能は、以上のことは拝任《はいにん》してから新しい信心にもとづいておこなったものであると強調し、拝任以前からおこなわれていた諸行事を怠ったり省略したことはないと、これまた強調している。

外からは怠慢と見えることもあるでしょうが、それはみな、ここ二、三年来の武士の乱暴によるものであって、当方としては抗しがたいものでありましたと弁明している。これが安能の平氏批判であるかもしれない。

永久《えいきゅう》六年（一一一八）や保延《ほうえん》七年（一一四一）に、安楽寺の別当職をめぐって不祥事が発生したそうだ。これについて安能は、菅原氏の氏長者《うじのちょうじゃ》がいかに厳正な態度を維持したかを、これまた証拠の文書をあげて弁明している。これほど厳正な先祖の子孫である、平氏のために祈禱などするはずがないではありませんかという理屈《りくつ》になっているようだ。

ところでさて、その後の安能はどうなったかというと、死んでしまうのである。

安能にたいする容疑が噂になったのは、鎌倉幕府の歴史書の『吾妻鏡《あずまかがみ》』によると文治二年の四月のはじめ、六月に安能から弁明書が提出されたから、後白河《ごしらかわ》法皇の院政政府で調査がはじまったと推定される。だが、じつのところ、弁明書が提出されてまもない六月二十六日に安能は死んでいたのだと、『吾妻鏡』の八月十八日の項目に記録されている。

安能の後任として安楽寺天満宮の別当になったのは全珍である。

安能に疑惑がかかったのと、全珍が安能の後任を望んでいるという事実が知られたのはほとんど同時である。

梅の木を燃やした侍

安能《あんのう》の命が犠牲になった結果であるかどうか、断言はできないけれども、安楽寺天満宮の領地は源頼朝によって安堵《あんど》された。文治《ぶんじ》二年（一一八六）十二月に、頼朝は「安楽寺の荘園において武士が狼藉《ろうぜき》することを許さない」と厳命する布告を発したのである。大宰府の官人の保護はうけたけれども、比叡山延暦寺や石清水八幡宮《いわしみずはちまんぐう》のような中央の巨大な寺社からの介入を極力排除してきたのが好感をもたれたわけだろう。

だが、九州において平氏が所有していた広大な荘園は没収され、源氏の諸将に配分された。鎌倉から、京都から大勢の源氏の武士がやってくるのは必然である。かれらが頼朝の布告に完全に服するとは思えない、肥沃《ひよく》で広大な安楽寺領に手を出さない保証はないのである。

不安におののく安楽寺で、奇ッ怪な事件がおこった。天野遠景《あまのとおかげ》という武士が地頭《じとう》として九州にやってきた。遠景の郎従《ろうじゅう》が天満宮に押し入り、御廟の庭の梅の木を切って宿舎にもってかえり、薪《まき》にして燃やしてしまった。その直後、郎従は悶死《もんし》してしまったのである。

主人の遠景は周章狼狽《しゅうしょうろうばい》した。天満宮に参詣して謝罪し、郎従の通夜をしていたら、御殿のなかに歌声がひびいた。

なさけなく　切る人つらし

春くれば　あるじ忘れぬ　宿の梅が枝

（『平家物語』延慶本）

——安楽寺天満宮の神聖を犯し、しかもなお処罰を免《まぬか》れる者はあるかもしれない。だが天満大自在天神は、そのようなことを絶対に許しはしない。

大宰府消滅

文永十一年（一二七四）と弘安四年（一二八一）の二度にわたるモンゴル軍の来襲は太宰府天満宮に利益をおよぼした。天満宮は幕府軍の勝利のために祈禱をささげたのだが、祈禱の効果があってモンゴル軍は退散したということになったのだ。

祈禱にたいする謝礼として筑前の国衙《こくが》が天満宮に寄進された。かぞえきれぬほど多くの荘園に蚕食《さんしょく》されてはいるが、それでもまだ筑前国には国衙領がのこっている。その国衙からの収入を安楽寺天満宮の運営に使ってよろしいというかたちの寄進である。

だが、繁栄のなかに、武士による侵略はすこしずつ、しかし着実に進行していた。

戦国時代に筑前国の守護職を掌握したのは大内氏である。

そのころ、安楽寺天満宮には内紛がおこっていた。鎌倉時代からあと、安楽寺の別当は赴任しなくなった。かわりに、別当の目代《もくだい》が別当の留守をまもるという名目で実権をにぎり、その留守職も権別当、少別当、修理別当、修理少別当と分化していった。まとめれば留守職であり、大鳥居と小鳥居の二氏によって継承されることになった。

留守職は一個の権限であり、継承する資格を有する家は複数であり、世代交代のたびに家の数がふえてくる。留守職をめぐる争いがおきるのは当然である。

だれを安楽寺天満宮の留守職に任命し、だれを解任するかの権利――進止権は守護の大内氏がにぎった。留守職をめぐる争いがおきる→大内氏に決定をゆだねる→大内氏が留守職を決定する。これがくりかえされるうち、留守職の権限が実質的な意味をもたなくなってきた。大内氏が、天満宮が所有する個々の荘園に直接に支配の手をのばすようになったのである。

だが、大内氏は、義長《よしなが》の代で豊後《ぶんご》の大友宗麟《おおともそうりん》（義鎮《よししげ》）に滅ぼされた。宗麟は豊後と肥後の守護職を手に入れたのを皮切りに、肥前、豊前、筑後、筑前の六ヵ国の守護となり、室町幕府の九州探題《たんだい》として北九州の覇者となった。

宗麟が九州探題となったのに並行して、大宰府が権能をうしない、解体し、姿を消していった。大君遠朝廷《おおきみのとおのみかど》として尊敬され、九州と壱岐《いき》、対馬《つしま》の二島に強権をふるってきた大宰府がなくなったのである。

戦国大名は「一円知行《ちぎょう》」を合言葉にしていた。たとえば、織田信長が美濃国《みの》（岐阜県）を支配するとき、信長の権威のほかに大小の如何《いか》なる種類の権威も、寺社も公卿も、草木も、美濃のなかに存在をゆるさないということ、それが「一円知行」ということだ。領主に完全に屈伏するものだけが生存をゆるされる状況、それが「一円知行」ということだ。

天満大自在天神を祀る太宰府の安楽寺天満宮といえども、大友宗麟の「一円知行」のもとでは、完全に屈伏するほかは生きる途がなくなったのである。

太宰府の宝満山と岩屋には大友宗麟の出城がつくられ、宗麟の一族の高橋鑑種《たかはしあきたね》が城主として睨《にら》みを利《き》かせた。大鳥居氏と小鳥居氏はあいかわらず争いをくりかえしている。一方が高橋鑑種に屈すれば、他方は高橋の主の大友氏に直接に臣従するというふうに、神官や僧としての立場を振り捨てながら、武家の臣下の立場になってゆく。

永禄《えいろく》九年（一五六六）、高橋鑑種は毛利氏や秋月氏と手をむすび、主家の大友氏にたいして叛乱をおこした。大友氏の軍隊が太宰府に攻めこみ、天満宮の神体を破壊するおそれがあるので、小鳥居氏は神体や財宝をかかえて宝満城に逃げこんだ一幕があった。小鳥居氏をはじめ、天満宮の衆徒は武装していたと思われる。

永禄十二年（一五六九）に高橋鑑種は敗北し、宝満城と岩屋城の主は高橋紹運《じょううん》に代わった。こんどは大鳥居氏が勢力を回復した。高橋紹運に願って、宝満城と岩屋城に籠城していた小鳥居氏一派の衆徒を追い出し、懲罰してほしいと願った。高橋紹運が大鳥居氏の願いをうけいれたのはいうまでもない。

岩屋城の決戦

大宰府政庁の跡地から北へ、坂本地区をぬけて山道をのぼると、標高四百メートルの四王寺山がある。山頂にあった大野城は七世紀に築城されたという、じつに古い歴史をもっている。

天智天皇の二年（六六三）、大和朝廷の軍隊は朝鮮半島の白村江《はくすきのえ》で唐《とう》と新羅《しらぎ》の連合軍に大敗を喫した。連合軍が海をわたって攻撃してくることが予想されたから、対馬《つしま》や壱岐《いき》には防塁をきずいて防人《さきもり》を配置し、筑紫《つくし》には水城をつくり、北九州から瀬戸内の各所に防禦《ぼうぎょ》のための城をきずいた。大野城もその一城であり、共通した設計構想からして「朝鮮式山城」とよばれている。

四王子山の南側の麓に戦国時代にきずかれたのが岩屋城だ。

天正《てんしょう》十四年（一五八六）七月、高橋紹運は島津《しまづ》氏の大軍を岩屋城にむかえ、筑前一国の興亡をかけて奮戦した。島津軍は太宰府の平地をへだてて南の筑紫野の丘陵に本陣をかまえ、じわじわと進軍した。大宰府政庁の跡地も安楽寺天満宮の境内も、島津軍の人馬にふみにじられたのである。

高橋紹運は孤軍奮闘、むなしく敗れた。

岩屋城の二の丸に、石囲いの紹運の碑がある。紹運の八世の子孫、三池藩主の立花種周《たちばなのたねちか》が岩屋城決戦二百年を記念してたてた紹運の碑だ。

西鉄の二日市駅のちかく、島津軍が本陣をおいたとつたえられるところには紹運の頸《くび》を埋めたという紹運塚がある。

正殿にたつ石碑の謎

大宰府の中心の建物、それが正殿である。正殿の跡地は整備され、三本の石碑がならん

大宰府正殿跡地に立つ「太宰府碑」と刻まれた石碑

でたっている。三本とも明治になってからたてられたもので、大宰府のパンフレットになくてはならない写真のテーマでもある。

まんなかの碑が明治四年（一八七一）、御笠郡乙金《おとがな》村の庄屋の高原善七郎がたてたもので、「都督府古趾」ときざまれている

左側が明治十三年（一八八〇）に御笠郡の有志がたてた「大宰府跡碑」、右側が大正三年（一九一四）に亀井南冥《かめいなんめい》の文章をきざんでたてられた碑だ。

亀井南冥は福岡藩の儒者で、文化十一年（一八一四）に亡くなった。江戸時代に亡くなった南冥の碑が大正時代になってたてられた——と知るだけでも奇怪な感じである。奇怪な事件の背景にはそれなりの事情があった。

天満宮の建物は戦国の戦火をあびて姿を消してしまった。筑前をおさめた島津家も、豊臣秀吉の九州征伐軍のまえに敗退し、筑前は小早川隆景《こばやかわたかかげ》の領地になった。

隆景は本殿の修復に手をつけ、天正十九年（一五九一）に完成した。隆景は二百石の土地を寄進したので、天満宮の復活がはじまる。秀吉も五百石を寄せたし、石田三成《いしだみつなり》が楼門を建造した。

関ヶ原合戦のあと、黒田如水《くろだじょすい》・長政《ながまさ》の父子が筑前の主になった。黒田家は中門や回廊、

安楽寺の堂舎や末寺の伽藍《がらん》などを造営し、くわえて二千石を寄進したので天満宮の復活に拍車がかかる。徳川幕府は千石を、久留米《くるめ》の有馬家から二百五十石、柳川《やながわ》藩主の立花宗茂《たちばなむねしげ》から五十石の寄贈があり、これが江戸時代を通じての天満宮の基礎財産となった。

黒田家の公的見解となった貝原益軒《かいばらえきけん》の『太宰府天満宮故実』

安楽寺天満宮は黒田家の尊く、かつ神聖な宝物の意味をもったわけだが、なにしろ天満大自在天神を祀《まつ》る社である、鄭重《ていちょう》のうえにも鄭重をきわめた扱いをしなければならない。

黒田家としては、天満宮をどのように尊敬しているか、基本的な態度を定めておく必要を感じたのだろう。

黒田家の儒者として、いや、『女大学』や『養生訓』『大和本草』などの著者として全国的に名が高かった貝原益軒《かいばらえきけん》が『太宰府天満宮故実』という論文をまとめた。益軒の論文ではあるが、黒田家の儒者としての立場で書いたものだから、天満宮にたいする公的な見解とみていいわけである。貞享《じょうきょう》元年（一六八四）の作だ。

道真が亡くなったあと、都ではかぞえきれぬ災害がおこったが、それらはすべて道真の怨霊《おんりょう》の祟りであると解釈された。

これについて益軒は、断固として、「ちがう!」と否定するのである。

「信じられないことだ。そもそも神というものは正直、清浄、穏和の徳があり、光をやわらげ君を守り、国を鎮《しず》めたまう。道真公はむかしから聖賢と称されてきた。聖賢のこころは、君に忠、国に幸いし、天を怨《うら》まず、ひとを咎《とが》めず、道を楽しみ、命を知るがゆえに、憂うることがない」

それが神なのだから、死ぬにあたって怒りをのこし、君に禍《わざわい》をおしつけ、咎《とが》め、皇太子を殺し、王臣を殺し、王宮を三度も焼く、諸大寺に災害をおよぼすはずがない。

それならば、道真が亡くなったあと、つぎつぎと災禍に襲われ、命を落としたり疵《きず》をうけたりしたひとがいるのはどういうわけであるのか?

この質問にたいし、益軒は明快な説明を用意していた。

「かれらが道真公を讒言《ざんげん》した罪は重いが、しかし、菅公の霊に祟られたのではない。悪行が天にきこえ、天誅《てんちゅう》がくだったのだ」

君に忠、国と民を愛し、仏を敬った、きわめて普通の優秀な人物が道真であった。そういう人物を、われら黒田家は鄭重に扱うのですというわけだ。

藩校の東西における対立

貝原益軒の天神論は現実的で、真っ当なものだといっていい。だが、おなじ黒田家の儒学者のなかに、益軒の見解に反対する者もあった。それが亀井南冥《かめいなんめい》である。

福岡藩黒田家に藩校がたてられた。天明四年（一七八四）である。学校は東西の学舎にわけられた。

東学は修猷館《しゅうゆうかん》と名づけられ、朱子《しゅし》学派の儒学者で益軒の門人の竹田定良を主任教授として、六人の藩儒が学生の指導にあたった。西学は甘棠館《かんとうかん》と名づけられ、徂徠《そらい》学（古学）派の亀井南冥ひとりが教授に任命された。

天明という時代の日本では、朱子学が保守的な立場の儒学、徂徠学は革新的な性格の儒学という相違があった。朱子学が圧倒的に優勢であり、徂徠学派は劣勢をいなめないが、朱子学なんか古臭いという革新の意気にもえてがんばっている。

おなじ黒田家の藩校に、朱子学と徂徠学の両方がそれぞれのカリキュラムをかかげて伝授しようというのは面白い狙《ねら》いではあった。

その反面で、騒動なしにはすまないだろうという予感はあって、不幸にも予感は的中したのである。

寛政《かんせい》四年（一七九二）の秋、南冥にたいして突如として廃官・蟄居《ちっきょ》の命令がくだったのである。二年前、徳川幕府は有名な「寛政異学の禁」という政策を断行した。朱子学のほかの儒学を「異学」と規定し、幕府の学問機関――湯島《ゆしま》の聖堂など――では教授しないと定めた、それが「寛政異学の禁」である。

これは黒田家には直接は関係しないのだが、そうかといって、いつまでも徂徠学を教授していると幕府から睨《にら》まれかねない。おもむろに徂徠学を排除する動きが、とりあえず南冥の追放のかたちをとったのだろう。

実は異学の禁よりも前に、南冥にたいする批判、嫌悪の感情が黒田家の上層部にあって、それが異学の禁を合図に堰《せき》をきったのだとみるのが正しいようだ。

南冥《なんめい》が独断でつくった「大宰府旧址の碑」

南冥《なんめい》は藩の政策をあれこれと批判していた。藩の政策を批判するのは儒学者の責任であると確信する立場での批判だから、反感も強かったと思われる。反感に輪をかけたのが、南冥の「大宰府旧址碑」の文章であった。

寛政《かんせい》元年（一七八九）、南冥は大宰府政庁の跡地に大宰府を追憶する碑をたてることを決意した。藩に奏上して許可を得るには手間も時間もかかる。碑の建設を好意的に思わない筋もあるだろうとかんがえ、単独で建設することにした。まず碑文を書き、それから福岡の商人三人に相談すると、すぐに賛成、費用の拠出《きょしゅつ》をもうしでてくれた。

みごとな石が調達され、南冥の弟の曇栄が揮毫《きごう》した文字による彫刻まで済んだが、建設許可が出ない。許可をもとめて手づるを探っているうちに、突如として南冥に追放、蟄居の命令がくだったのである。

「いにしえは郡県を治となし、本藩に大宰府を置く」ではじまる碑文の、どこが藩庁幹部の怒りを買ったのだろうか。

外国にむかってただ一港だけひらかれていたのが長崎港、その長崎港の警護役が福岡藩黒田家と佐賀藩鍋島《なべしま》家に課せられていた。費用も莫大である、危険もある、長崎警護の負担は重いものだが、どんな苦労にも耐えて遂行するというのが黒田家の矜持《きょうじ》であった。

その矜持を強烈にもっていたのが亀井南冥である。外国の侵入にそなえる役目は、かつての大宰府が果たしていた役割とおなじくらいに重いとかんがえていたのが南冥だ。福岡藩黒田家は第二次の大宰府なり、というかんがえかただ。

長崎警護の重責をはたしているからこそ、そもそもは外様《とざま》大名の黒田家の生きる途《みち》があるとさえ、かんがえている。大宰府の、神秘的でさえある歴史的な価値を、いくら称賛しても称賛しすぎることはない。それこそ、われら黒田家は、いざ外国勢力が攻撃してくれば命をかけて戦って追い返してみせますぞという健闘精神につながるわけだ。

ところが、ちかごろの黒田家のやりかたを見るに、菅原道真を称揚するあまりに大宰府を忘れている傾向が濃厚になっているといわざるをえないのではないか。道真の笠の下にかくれて、第二次の大宰府の役割を意識的に等閑視《とうかんし》しているのではないか。

南冥はからかいをこめて、書いた。

「菅公は大宰府をもって大いに顕《あらわ》れ、しかして大宰府は菅公によって掩《おお》われたり」

道真の神性は大宰府の巨大・重大には及ばないはずなのに、肝腎の黒田家が道真には大騒ぎして、大宰府にはそうではない。これはまちがっている！

大宰府を称賛する南冥の筆が、おのずから藩政批判になってしまうのを、南冥自身は承知のうえだったろう。

大宰府の偉大さを称揚する、それは天皇の政治を尊敬する態度につながる。

大宰府に左遷されていた菅原道真は天神という神になっているから別格ではあるが、道真を崇拝する姿勢が朝廷政治への憧憬《どうけい》につながると見做《みな》されれば、やはり福岡藩としても自粛しなければならない。

太宰府天満宮は福岡藩の領内にある。九州ばかりか、遠いところから天満宮参拝者がきてくれるのだからまさに福岡藩の宝物だが、といって、天満宮信仰が道真崇敬からさらに過去へさかのぼり、大宰府崇敬につながると危険なのである。

長崎警護に熱心なのは結構である。だが、その熱心が、大宰府とおなじ役目だから長崎警護に熱心になるというのでは、はなはだしい筋違いなのである。幕府に知られれば、ただではすまない。南冥が追放されたのはこういった次第であったはずだ。

藩校教授の職をうしなった南冥は、太宰府の別荘で失意の日々をすごしていたが、火災にあって焼けおちる自宅とともに焼死したという。それから百年がすぎたのを記念して、ようやく大宰府の跡地にたてられた碑、それが三本のうちの右側の石碑だ。

道真は魅力的だが、だからこそ、危険のシンボルでもある

――大宰府や天神さまのことは慎重に扱わなければならない。

そういった空気が太宰府や福岡、博多には強かったのではなかろうか。明治四年の「都督府古趾」や明治十三年の「大宰府跡碑」はそういう空気のなごりではなかろうか。

「大宰府跡碑」から三十四年、大正三年にようやく南冥の文章をきざんだ碑がたてられたのは象徴的なできごとであった。政府も国民も緊張しきっていた明治時代がおわり、軍備を縮小しようという意見をとなえる政治家が迫害をうけることもすくなくなった。「大正デモクラシー」とよばれる、明るい自由な雰囲気が濃厚になってきた時期だ。大宰府の跡地を発掘し、整備しようとしても、「ふるくさい!」と罵倒《ばとう》されることはない。

大宰府の建物は「都府楼」の名でよばれるのがふさわしいと感じられるようになった。道真の痛哭《つうこく》の想いはすべて「都府の楼には纔《わずか》に瓦の色を看《み》る」の一節にこめられているということだ。

太宰府天満宮の先に菅原道真があり、そのまた先に大宰府の「都府楼」がある。この図式で解釈すると、長い歴史が太い一本の線となって見えてくる。

第九章 明治維新と太宰府天満宮

明治維新の転換点の舞台となった延寿王院

表参道からまっすぐ境内にはいって、そのまま進むと延寿王院《えんじゅおういん》にゆきあたる。あくまでしずかな雰囲気である。広大とか壮麗といった形容詞は似合わないけれども、ここが明治維新の政争の大きな転換点の舞台だったと知ると、素通りするわけにはいかなくなる。

明治維新のいきさつを調べると、「七卿」とか「五卿」といった言葉が目につく。慶応元年（一八六五）一月から三年十二月までの二年十ヵ月のあいだ、ここに五人の公卿《くぎょう》が滞在していた。三条実美《さんじょうさねとみ》、三条西季知《さんじょうにしすえとも》、東久世通禧《ひがしくぜみちとみ》、壬生基修《みぶもとなが》、四条隆謌《しじょうたかうた》の五人である。

江戸時代の、それも幕末ともなればお公卿さんはすべて京都に住んでいた。地方官に任命されて現地に赴任するといったこともなくなっていた。そのお公卿さんが五人も――もともとは七人だったのが五人に減っていた――そろって太宰府に滞在していたのである。大宰府の官人に任命されたわけではない。

延寿王院の五卿のところには、薩摩の西郷隆盛《さいごうたかもり》、長州《ちょうしゅう》の高杉晋作《たかすぎしんさく》、土佐の中岡慎太郎《なかおかしんたろう》といった、いわゆる明治維新の功労者として名のあがる諸藩の志士たちのしばしばの訪問があった。

五卿の政治上の意見をどのように活《い》かし、どのように処遇するか、これが京都や大坂、江戸における激しい政治の鍔迫《つばぜ》り合いを左右する重みをもっていたからだ。

五卿はいわゆる尊攘派の公卿であった。だから西郷や高杉といった尊攘・倒幕派の志士たちがたずねてきたのである。

五卿は、どういった事情があって太宰府天満宮の延寿王院に滞在していたのだろうか。まず、この問題からふりかえってみよう。

八・一八の宮廷クーデター

尊攘（尊皇攘夷）と公武合体——幕末の政論はこの二潮流に分かれ、血で血を洗う争いをくりひろげていた。

尊攘——幕府が外国とむすんだ条約を破棄し、外国人を追い出し、天皇中心の古代の政治に復帰すべしという政論。長州藩が提唱した尊攘論に、中下級の公卿、諸藩の中下級藩士、組織をもたない草莽《そうもう》志士が共感している。

公武合体——すでに開国している現実を肯定し、幕府が中心になっておだやかなかたちで政治を改革してゆく。改革の過程で、幕府は朝廷や大藩の同意と協力を得てゆくというところに「公武合体」の意味がこめられている。幕府を中心にして、高位の公卿、薩摩や土佐、越前といった有力な藩がゆるやかに提携している。

文久《ぶんきゅう》三年（一八六三）の夏の時点では、尊攘派が公武合体派をのりこえそうな状況になっていた。孝明《こうめい》天皇がまず大和《やまと》（奈良県）の幕府領の中心の五条に行幸し、攘夷親征を宣言する。それに呼応して尊攘派の軍隊は五条の代官所を襲撃し、代官を血祭りにあげる——こういう激しい筋書きを長州が書いて天皇の承認を得た、という事態になった。

これを察知した公武合体派は八月十八日の未明、宮中でクーデターをおこし、長州藩の宮廷警護の役職を奪ったのである。天皇が大和へ行幸して攘夷親征を宣言するという計画も、もちろん取り消された。

天誅《てんちゅう》組は「攘夷親征のさきがけになる」と称して大和の五条の代官を殺したが、京都でクーデターがおこったから孤立してしまい、悲惨なかたちで壊滅の一途をたどる。

攘夷親征の大和行幸計画の首謀者として名をつらねていたのが真木和泉保臣《まきいずみやすおみ》、筑前久留米の水天宮の神官であった。真木はまもなく戦死するが、かれが筑前の人間であったことは、五卿の太宰府滞在に重要な影響をあたえることになる。

さて、クーデターにやぶれた尊攘派は京都にいられなくなり、長州に落ちてゆく。三条

延寿王院　幕末、5人の公卿が滞在した安楽寺天満宮留守別当大鳥居家の宿坊

実美などの尊攘公卿七名も長州藩兵といっしょに長州に落ちていった。さきに名をあげた五卿のほかに沢宣嘉《さわのぶよし》と錦小路頼徳《にしきのこうじよりのり》の二卿がいたから、「七卿落ち」という。

周防《すおう》の三田尻《みたじり》についたときに、七卿の官位をとりあげる令文が京都から追いついた。無位無官になった七卿をむかえた三田尻の宿舎は招賢閣《しょうけんかく》と名づけられた。

長州征伐不戦の条件となった〝五卿の異動〟

――このまま黙ってはおられん！

――京都にもどって、もういちど主上の警護役を！

長州では、軍隊をひきいて京都に攻めのぼり、薩摩や幕府に一矢《いっし》をむくいたいという強硬意見が出てきた。それにたいし、いまはその時期ではない、京都にこだわらず、長州の富国強兵を実現すべきだという意見も出て、争った結果は京都出撃論が勝った。

元治《げんじ》元年（一八六四）七月、長州軍は京都に出た。山崎、伏見《ふしみ》、嵯峨《さが》の三拠点から内裏《だいり》に迫った長州軍は、幕府や薩摩、会津《あいづ》や桑名《くわな》の軍と戦ったが、撃退された。蛤御門《はまぐりごもん》のあたりで激戦が展開されたので「蛤御門の変」の名がついた。久留米の真木和泉は山崎の天王山の陣地へ逃げかえり、仲間とともに自刃《じじん》した。

内裏にむかって発砲した責任をとわれた長州藩は「朝敵」とされ、幕府は長州征伐を政策の最高目標にかかげた。

長州征伐軍が編成され、いざ出動となるまでには滑稽《こっけい》なくらいの長い時間がかかった。幕府方の大名たちは長州征伐には賛成だが、いざ自分の藩から軍隊を出し、作戦指揮の責任をとらねばならない事態になると、尻込《しりご》みする。「総論賛成、各論反対」である。幕府の権力はそれほど弱体化していた。

こういう状況を見て態度を変えたのが、薩摩の西郷隆盛である。薩摩は公武合体派の重《じゅう》鎮《ちん》として幕府や会津と提携し、蛤御門の変では長州を撃退した。だが、思うように長州征伐の軍隊を編成できないほど弱体化している幕府との提携を、これ以上つづけているのは危険である、幕府と共倒れになりかねないと西郷は判断した。

——長州を徹底的に叩《たた》くことなく、しかも幕府の面子《メンツ》をたてて征長軍を解散させる手はないか？

征長軍参謀長の西郷は、単身で安芸《あき》の宮島で長州藩の幹部と会見し、謝罪案をまとめた。京都に軍隊をつれていって戦争をした三家老の処分は征長総督府に一任とし、五人の参謀は処刑、三条実美《さんじょうさねとみ》など尊攘公卿は別の土地に移す、の三項目で不戦の約束をかわした。幕府としてはかろうじて戦争する態勢をととのえたが、西郷のおかげで戦闘にはならずにすんだ、これがいわゆる第一次の長州征伐である。

錦小路は病死、沢は但馬《たじま》（兵庫県）の生野《いくの》の銀山でおこった尊攘派の挙兵に参加して行方不明になったから七卿は五卿に減少している。この五卿を、どこに、どういう順序で移すのか、これがむずかしい問題になった。

移動先は太宰府

征長軍は、五卿が長州藩領から別の地へ移るのを条件に、軍隊を引くとの条件をつけている。面子《メンツ》があるから、いつまでも待ってはいられない。

長州藩の全体が尊攘論でまとまっているわけではない。

穏健派——尊攘派にいわせれば敗北主義者だが——は幕府のいいなりに五卿を追い出してしまい、そのついでに尊攘派も圧倒して藩政の実権をにぎりたいと狙《ねら》っている。

尊攘派が、それを許せるはずはない。幕府のいいなりになって五卿を追い出し、そのあとで穏健派に圧倒されるくらいなら、五卿を旗標《はたじるし》にかかげて幕府の征長軍と戦い、全滅したほうがましだと思っている。五卿に出ていってもらうのか、あくまで匿《かくま》うのか、穏健派と尊攘派の争いの争点になっている。

そういうところへ、五卿を太宰府へお移ししてはいかがだろうかという案が登場してきた。いいだしたのは大鳥居信全だろうと思われるが、長州藩の幹部や五卿、筑前藩《ちくぜんはん》、幕府の指導者や西郷隆盛などに、どういう言葉によって、どのようなルートで伝わったのか、はっきりはしないのである。

筑前藩主の黒田長溥《ながひろ》にも、五卿の問題を解決することで政治上の得点としたい思惑《おもわく》がある。五卿の身柄を筑前藩で預かることになれば上策だが、そうなると薩摩や一橋家、親戚にあたる公卿の二条家などが難色をしめすとわかっている。黒田家だけが得点をあげるのを無条件に許すわけにはいかない。

元治《げんじ》元年（一八六四）の末に、五卿は山口から長府の功山寺《こうざんじ》に移った。長州藩のなかの政争が激しくなり、身辺が危険になったからだ。

おなじころ、幕府征長軍の参謀から具体的な案が打診された。五卿が九州に上陸したらとりあえず筑前藩がうけとり、そのあとで九州の五藩（筑前、筑後、肥前、肥後、薩摩）が五卿を一名ずつひきとり、五藩からそれぞれ江戸に送致するという案だ。負担と功績とを一藩に集中しないのがこの案の特長だ。

黒田長溥はこの案にのろうとかんがえたようだ。筑前藩士の筑紫衛、早川養敬、月形洗《つきがたせん》蔵《ぞう》などがつぎつぎと海を渡って長府の功山寺をおとずれ、五卿と面会し、「九州へ動座なされ」と誘う。

三条実美《さんじょうさねとみ》の心境と思惑

五卿を代表する立場は三条実美《さんじょうさねとみ》である。年齢は若いけれども、摂家《せっけ》の五家（近衛、九条、二条、一条、鷹司《たかつかさ》）、清華家《せいがけ》の七家につぐ第三ランクの大臣家の三家のうちの三条家の当主の地位は抜群である。尊攘派公卿の筆頭格として議奏《ぎそう》、国事御用掛《こくじごようがかり》をつとめた経歴は長州の尊攘派にとっては他に替えがたいものだが、穏健派には、それが重荷だ。

——われらがいなければ尊攘派は穏健派に対抗しえない。

これはこのとおりだが、別の面もあるのを実美は承知していたはずだ。

——われらが居座《いすわ》れば、幕府征長軍との戦争は避けられない。戦争になれば長州藩が敗れるのは目に見えている。

長州藩が敗れれば、尊攘も穏健もない。長州藩そのものが幕府によって蹂躙《じゅうりん》されるのだから。

――長州藩そのものの保全を優先すべき場合であろう。

実美の決断が五卿の九州遷座《せんざ》を決定した。ただし、五人ずつ五藩にわかれて預ける案がそのまま実行されるのか、どうかは決定されてはいない。

五卿は同居か、別居か

十二月のはじめ、月形洗蔵《つきがたせんぞう》が小倉で西郷隆盛と会見、それから下関に行って中村円太や早川養敬と合流、功山寺で五卿に面会した。五卿を代表して三条実美がはじめて、「天下のためになるならば、いかようにも行動する」と九州遷座《せんざ》に同意した。

実美のただひとつの心配は、長州尊攘派のことである。五卿の遷座によって尊攘派の旗標がなくなると恐れるのは当然だが、恐怖が強すぎると五卿の遷座そのものに反対して、穏健派とのあいだに衝突事件がおきるかもしれない。そのことを実美は案じていた。

「お任せください」

「月形洗蔵よ、期待しておる」

月形は、中村円太を通じて長州尊攘派の同意を得ようと奔走する。中村円太は筑前藩士だが、はやくから尊攘運動の世界に身を投じて、処罰と赦免《しやめん》をくりかえし、いまはまた脱藩して長州尊攘派の仲間になっていた。月形と長州尊攘派を仲介する立場はまさに適役である。

長州側の同意も得られたところで、下関に西郷隆盛と高杉晋作がやってきて、薩長筑の三藩のあいだの秘密会議がひらかれた。これがなぜ「秘密」会議なのかというと、この時点では蛤《はまぐり》御門《ごもん》の変のあとの薩長の敵対関係は解消されていない。西郷と高杉という双方の巨頭が会議をして、うまくいけばいいが、まずい結果になる場合にそなえて秘密にせざるをえなかったのだ。

事態はすこしずつ動きだしたが、難題が去ったわけではない。三条実美は月形にたいして二件の要求をつきつけていた。「毛利家の家督相続が順調にゆくように幕府に工作すべし」「われら五人は同居でなければならぬ」の二件である。

「朝敵」に指定された長州藩主の毛利《もうり》敬親《たかちか》は隠居して、世子の定広《さだひろ》が藩主代行の立場にある。幕府には、この機会に毛利家の知行を減らそうという企《たくら》みがある。それを避けて、三十六万九千石をそっくり定広が相続できるように取り計らってほしいという希望が実美から筑前藩に委託された。

黒田長溥《ながひろ》としては胸を張って、「お任せあれ！」といいたいところだ。その長溥の肚《はら》の

底には、おそらく、

――毛利家の相続の件はお望みどおりに計らいますから、同居の件は幕府のいいなりになさってはいかがでしょうか、そのほうがお為になりましょうと勧告したい気がある。じっさいのところ、どこへなりとも遷座するのが先決、五人同居か別居かは、それから決めてもおそくはない。

そうこうするうちに、月形から、太宰府で同居の案が出された。太宰府とはもちろん安楽寺天満宮のことであるが、月形自身、菅原道真を憧憬《しょうけい》していたのも太宰府同居案が出てきた原因になっている。月形は以前、菅原道真愛用の由来の硯《すずり》を贈られたことがあり、熱烈な天神贔屓《びいき》になっていた。(井上忠「明治維新前後の太宰府天満宮」)

同居よりも別居の可能性が濃厚の状況で、年のうちに長州征伐軍が解散した。年があらたまって慶応元年(一八六五)正月十四日、五卿は長府の功山寺《こうざんじ》を出た。筑前《ちくぜん》の若松港で筑前藩の出迎えの船にのりかえ、黒崎《くろさき》に宿泊した。

十八日に赤間《あかま》の藩主の別荘に移ったが、ここに一ヵ月ちかくも逗留《とうりゅう》することになった。別居説が息をふきかえし、三条実美《さんじょうさねとみ》だけが筑前藩のあずかりとして赤間の別荘に滞在、ほかの四卿は四藩のあずかりとしてちかくの四つの寺に分宿するとの案が登場したからだ。

これにたいして、三条実美の随従者の土方久元《ひじかたひさもと》が強硬な反対論を展開した。

土方は土佐藩士であるが、脱藩のかたちで上京し、三条家の家臣として学習院御用掛に任命されていた。諸藩から上京してきた尊攘派の志士は、たいていは学習院御用掛の肩書で活躍していたのである。

三条実美の母は、土佐藩主山内豊策《やまのうちとよかず》の娘であった。このために三条家と土佐の山内家とは格別に昵懇《じっこん》であり、土方久元は実美の随従者の筆頭格になっていた。中岡慎太郎《なかおかしんたろう》が実美の身辺にいたのもおなじ理由からである。

三条実美と他の四卿を別にあつかう案は、五卿の九州遷座《せんざ》を担当する五藩周旋方《しゅうせんかた》から出たものだろう。かれらはそれぞれの藩庁の意向と利益を代表して五卿に接触しようとの姿勢であり、五卿が尊攘論ゆえに亡命している事情を尊重するつもりはない。厄介な犯罪人を扱う姿勢である。

土方や月形が承諾できるはずはない。土方や月形が強く抗議し、別々に扱う案が撤回されるまで一ヵ月もかかってしまった。

二月のはじめ、五卿は赤間を出て箱崎に泊まり、翌日は筥崎《はこざき》八幡宮に参拝してから太宰府の宿舎、安楽寺天満宮の延寿王院《えんじゆおういん》に着いて大鳥居《おおとりい》信全の挨拶をうけた。

「文武の稽古をこころがけよ」――五人衆の規則書

三条実美には六人の家士《かし》と二十名あまりの御付衆《おつきしゅう》が、ほかの四卿には二名から三名の随従者が従っていた。五卿と随従者をあわせると四十人ほどになる。

五卿は延寿王院での同居を、帰京するまでつづけた。いささか狭《せま》苦しい感じもあったろうが、結果からみると賢明であった。というのは、長州にいたときには上級の尊攘論者として優遇されていたが、太宰府へくると、かならずしも尊敬はされない。幕府の指示もあって、正式には「五卿」ではなくて、「五人衆」とよばれるべき境遇になった。

大鳥居信全をはじめとする天満宮関係者は陰日向《かげひなた》なく尊敬してくれるが、それも、五藩周旋方の目のとどく範囲では遠慮しなければならない。そういう境遇のなかで別居していたならば、冷遇ゆえの心痛は避けられないが、同居していたから耐えられた。

随従者にたいしては、四項目の規則書がしめされた。

一、家来一同は忠節を励むべし。ついては相互に忠告をし、一和を維持するのが肝要である。

一、文武の稽古をこころがけるべし。礼節をまもらねばならないのはもちろんだが、諸藩の者が混じっているから、格別に礼節をまもるべきである。過度の飲酒、口論がましいことは慎《つつし》まねばならぬ。夜間の往来は禁止する。

一、みだりに外出してはならぬ。夜間の往来は禁止する。

一、身分不相応のことのないように、質素をまもるべし。

御撫物《おなでもの》を扱う気持ちで五卿を世話した

とうとう五卿が太宰府にやってきた。菅原道真ほどではないが、天皇に近い立場で活躍し、幕府の悪政に堂々と反抗し、そのために官位をうばわれて亡命してきた五卿の身の上には神聖な雰囲気があふれている。

延寿王院《えんじゆおういん》の大鳥居《おおとりい》信全は、どんな気持ちで五卿に接したのだろうかとかんがえてゆくうちに、御撫物《おなでもの》を扱うのとおなじ思いで接したのではないかと気づいた。

いつごろからはじまったのか、起源はわからない。天皇の肌に触れた品物が京都から太宰府の安楽寺天満宮に送られてきて、二年間にわたって修法祈禱《しゆほうきとう》がつづけられ、ふたたび朝廷に送り返される、これが御撫物の名でよばれる神事である。

撫物とは御衣であろうと西高辻信貞氏は推測されている。天満宮の宮司の西高辻氏でさえ撫物の正体については推測するしかないようであり、それだけ神聖視されていた。

光格《こうかく》天皇の御撫物を入れた箱が、高辻家に伝わっているそうだ。『太宰府天満宮』に掲載されている写真をみると、菊と梅の紋章を配した黒漆塗りの小箱である。これに撫物を入れ、「禁裏御用」の旗をたてた別当みずからが山陽の陸路を、数十日もかけて京都へ往復したのだという。

天皇の肌に触れた品物にたいして修法祈禱をささげ、京都に送り返す——ということは天満宮における修法祈禱によって撫物は清潔な生命力をあたえられ、蘇生するという原則があるからだろう。

京都からやってきた五卿は天皇の側から引き離され、敗れ、傷ついている。修法祈禱をささげるわけではないが、尊皇攘夷の政治姿勢に敬意を表し、身辺に危険のないように守護してさしあげ、時期がくれば京都に送り返してさしあげる。それは御撫物を扱うのと等しく、太宰府の安楽寺天満宮の別当たるものの当然至極の義務ではないか——このような気分と決意で信全は五卿に接したのではないかと思われる。

野村望東尼《のむらぼうとうに》、西郷隆盛《さいごうたかもり》もやってきた

三月三日には天満宮の馬場で乗初式がおこなわれた。馬場はできあがっていたが、大鳥居信全は五卿の到着に合わせて、わざわざこの日に乗初式をやったのではないか、などと想像してみる。十日には、諸藩の周旋方をしたがえて五卿が天拝山に遠乗りをした。

そのうちに、野村望東尼《のむらぼうとうに》がやってきた。

望東尼の本名はもと、筑前《ちくぜん》藩の浦野重右衛門の娘として生まれ、野村貞貫《のむらさだぬき》と再婚した。夫とふたりで大隈言道《おおくまことみち》に歌をならい、尊攘派に接近した。

貞貫の致仕《ちし》とともに福岡の郊外の平尾《ひらお》に山荘をたてて隠居し、平野国臣《くにおみ》や月形洗蔵《つきがたせんぞう》と交際した。夫が亡くなったあと京都に旅し、尊攘の意見を強くしてもどってきた。

筑前藩の尊皇派にとって危険な季節がやってこようとしているが、彼女はその隙をぬって太宰府をおとずれ、大鳥居信全を介して五卿に面会をもとめたのである。中村円太を通じて五卿の歌をいただいたことがあり、三条実美《さねとみ》も望東尼の名は知っていた。

望東尼は実美との面会をゆるされた。そのあと、望東尼は天満宮参拝を毎月の例とするようになった。天満宮参拝を口実に、じつは延寿王院《えんじゆおういん》に実美をおとずれ、五卿を激励するのである。

天満宮参拝を月々の例としたというと、なにか優雅な感じがするけれども、太宰府はそんな甘い雰囲気ではない。たとえば、望東尼を実美にひきあわせた中村円太はこのころ、尊皇派の内紛にまきこまれ、自刃してしまっていた。激しく、熱い政治の季節だった。

おなじころ、薩摩の西郷隆盛が延寿王院にやってきた。五卿にたいする筑前藩の待遇が冷たいとの知らせがあったので、自分の目で確かめるためにやってきたのだが、「五卿をお守りするについて薩摩は本気であるぞ」と睨《にら》みを利《き》かせる狙《ねら》いもあった。このころの西郷は政界の重鎮《じゆうちん》であり、幕府も筑前藩も一目を置く存在である。

隆盛が見たところ、五卿の身辺にいますぐ危険がせまっているというほどではない。だが、気にかかるのは幕府の方針が強硬に転じるおそれがあることだ。そうなると筑前藩の担当者は五卿を冷遇し、別のところへ再び遷座《せんざ》してもらおう、といったことになりかねない。

筑前藩の尊攘派弾圧をまねいた高杉晋作《たかすぎしんさく》のクーデター

長州の高杉晋作《たかすぎしんさく》が、穏健派の牛耳《ぎゆうじ》る藩政府にたいしてクーデターを起こした。下関《しものせき》の奉行所を占領し、三田尻の海軍局を襲撃して藩の船をうばった。続々とあつまってくる同志を激励し、萩《はぎ》に進軍して穏健派の藩幹部を追放した。

新しい藩の全体の姿勢は「武備恭順《きようじゆん》」と決定された。長州征伐の幕府軍は解散して去っていったけれども、だからといって長州は武装解除はしないぞ、という姿勢だ。長州が出撃することはないが、攻めてくるなら反撃する覚悟はある、軍備もしているぞという宣言でもある。元治《げんじ》元年（一八六四）の十二月のことだ。

高杉晋作が決起の意志をのべた手紙があるのだが、ここで彼は、自分を菅原道真の立場にかさねている。

「おそれおおい言い方だが、ぼくは、たとえ死んでも天満宮のように赤間関《あかまがせき》の鎮守となりたいと思います」

赤間関とは下関のこと、長州藩の玄関口を意味している。菅原道真は死んで天満大自在天神となり、悪い政治から朝廷をまもっている。それとおなじように、ぼくは、たとえクーデターで戦死しても霊魂を赤間関に祀《まつ》ってもらい、鎮守の神になるのが本望であるという。高杉は、五卿が遷座するだろう太宰府を念頭において叛乱決起の決意をのべていた。

高杉のクーデターが成功したのを見て、幕府のなかに「軍隊を解散したのは寛大すぎたのではないか」との反省が生まれた。第二次の長州征伐をおこない、今度こそは徹底的に叩きつぶしてやらなければならないというわけだ。長州の革命政権の「武備恭順」の姿勢の意味を知らず、幕府自体の軍事力や諸大名にたいする指導能力を検討しない、ひとりよがりの強硬姿勢である。

幕府は「五卿を江戸に護送せよ」と五藩に指示した。

幕府の強硬姿勢に接して、いちばん動揺したのは筑前藩である。筑前では、五卿の太宰府遷座の功績を買われて尊攘派が藩政の第一線に進出して、活躍していた。

ところが、幕府が「五卿を江戸に送れ」と指示したのにちからづけられた保守派が、尊攘派にたいする反撃をはじめた。保守派だけならたいしたことにはならないが、恐怖に駆られた藩主の長溥《ながひろ》が保守派を支持し、尊攘派を排斥する姿勢に転向したのである。

六月に、筑前尊攘派にたいする弾圧がはじまった。十月までのあいだに十四名もの多数が切腹、斬首《ざんしゅ》、遠島《えんとう》その他の重い処罰をうけた結果、筑前尊攘派は壊滅《かいめつ》の状態になってしまった。月形洗蔵《つきがたせんぞう》は五卿を天拝山に案内したのを罪とされた。野村望東尼《ぼうとうに》も遠島《えんとう》に処された。

長溥が動揺のあまり、ついに尊攘派の粛清にふみきった背景には、尊攘派のクーデター計画があったともかんがえられる。

尊攘派は長溥の政治姿勢に満足できない。尊攘の姿勢が弱いのに切歯扼腕《せっしやくわん》の想いをしている。そこで、長溥に尊攘の方針を高くかかげさせ、後退できなくなる状況を設定すればいいということになった。クーデターより、藩主を思いのままに動かそうとする家来の企みというのが適切かもしれない。

――五卿をひとまず秋月へ遷座して――

――秋月から薩摩へ――

――幕府が困惑するのが目に見えるようじゃ！

――となればご主君も、後には退けない。

――他の四藩によびかけ、幕府に反抗する堂々の態勢を固められるにちがいない。

――それでもダメならば――

――ダメならば――

長溥を無理矢理に隠居させ、世子《せいし》を新藩主に擁立しようというのがクーデターのおおかな筋書きである。

秋月藩は筑前《ちくぜん》藩の支藩であり、先々代の藩主の黒田長元《ながもと》が土佐の山内豊策の子、つまり三条実美《さねとみ》とは親戚の関係にあるところからヒントが出たのだろう。（井上忠「明治維新前後の太宰府天満宮」）

クーデター計画が実行される直前に察知した長溥は、尊攘派弾圧にふみきった。

身辺が切迫してきたのに気づいた五卿は、江戸への護送という最悪の事態を回避するために、各方面に連絡をとろうとするが、すでに太宰府には幕府や筑前藩当局の密偵が忍びこんでいて、思うように連絡はとれなくなっていた。

蟄居《ちっきょ》を命じられた大鳥居信全

大鳥居信全はすでに嗣子《しし》に別当職をゆずっていた。五卿の世話に専心したいということなのだろうが、隠居の信全にさえ筑前藩の粛清の斧《おの》はふりおろされ、筑後の水田に蟄居《ちっきょ》させられた。

信全が蟄居を命じられたのが筑後の水田だったのは、深い理由があってのことだ。

水田には太宰府天満宮の領地があり、鎌倉時代に菅原道真の子孫の為長《ためなが》によって水田天満宮がたてられていた。五卿問題のころの水田天満宮の祠官《しかん》は大鳥居理兵衛といって、久《く》留米《るめ》の水天宮の祠官の真木《まき》和泉保臣《いずみやすおみ》の弟である。理兵衛は水田天満宮の祠官の大鳥居八兵衛の養子になったのだ。

真木和泉は嘉永《かえい》年間（一八四八〜五四）に久留米藩の譴責《けんせき》をうけ、水田天満宮で理兵衛の監督のもとに幽閉を命じられた。和泉は天満宮の敷地の一隅に庵《いおり》をたてて「梔子窩《くちなしのや》」と名づけ、近辺の青年に尊皇攘夷の政治思想をふきこんだ。

梔子窩には筑前藩の平野国臣《くにおみ》、出羽の郷士の清河《きよかわ》八郎、薩摩藩の有馬新七《ありましんしち》がおとずれ、大鳥居理兵衛もくわわって京都における尊攘派のクーデターを計画した。彼らの計画は文久二年(一八六二)、決行寸前で露顕し、挫折《ざせつ》した。寺田屋の変である。

理兵衛は京都から筑前の黒崎にのがれたが、前途に絶望して自殺した。

兄の真木和泉は久留米で幽閉されたが、釈放されたあとふたたび尊攘運動にもどり、元治《げんじ》元年(一八六四)七月の蛤《はまぐり》御門《ごもん》の変に敗れて京都郊外の山崎・天王山で自刃した。

延寿王院の大鳥居信全との関係でいうと、信全の親戚にあたるのが大鳥居理兵衛、理兵衛の兄が真木和泉である。兄の真木和泉が幽閉され、弟の理兵衛が祠官をしていた水田天満宮に信全は蟄居させられた。

――わかってはおろうが、念のためにいっておく。いつ死んでも、かまわんぞ。

水田天満宮への蟄居は、信全にそう告げているのと同様の冷酷な処分であった。

五卿の江戸送致役が太宰府へ

長州藩にたいする第二次征伐は、慶応元年(一八六五)五月に布告された。征長総督の人事や諸大名の軍役負担をめぐってごたごたするが、長州征伐政策は否定されず、戦争再開にむけて事態はじわじわとうごいてゆく。

筑前藩の尊攘派が粛清されたのをうけて、安楽寺天満宮の延寿王院の五卿の身辺には血なまぐさい風が吹いてきた。五藩の京都駐在役が所司代に出頭を命じられた。

――長州で戦争がはじまる。

ついては五卿の警備をますます厳重にせよ。厳重警備の監察役として目付《めつけ》の小林甚六郎を派遣する。

小林の役目が警備の監察だけであるはずはない。かたちばかりの監察をしたあと、「五藩には任せておけぬ」と予定どおりの結論を出し、五卿を江戸にひきつれてゆくつもりなのだ。

この件は筑前藩が、承知いたしますとも、いたしませんともいえる筋合いのものではない。仰せ、うけたまわりましたとひきさがって、すぐに太宰府へ知らせる。

五卿も五藩の周旋方もそれぞれに覚悟をきめるうちに、年があけて慶応二年、二月のなかばに五卿が梅花の宴をひらいてまもなく、小林甚六郎は三十人ほどをひきいて博多に上陸、二日市《ふつかいち》へ着いた。軍隊仕立てだから、二日市へ進軍したというほうが適切だ。

三条実美はほかの四卿と協議して、従者一同にしめす決死の意志を書状にした。

「幕府の役人はわれらを江戸に送致《そうち》するか、または、五藩に分離する策を呈示するだろうが、われらは断じて請《う》けぬ」

「いずれかの案を呈示され、強く迫られた場合、われらはもちろん、その方どもも、もはやこれまでと覚悟し、われらの指揮にしたがってもらいたい」

われらの指揮にしたがってくれ、とは、共に戦って死んでくれということだ。

四月一日、小林は天満宮に参詣し、そのついでに、というふうを装って延寿王院をおとずれ、五卿への面会を要求したが面会を拒否された。

だが、これぐらいで小林があきらめるはずはない。面会どころか、江戸へ送致、または五藩への分散を承知させるのが小林の使命なのだ。

五卿は覚悟をきめた。従者一同に披露した必戦の決意はかたちだけのものではなかった。

だが、小林が強打をふるわないうちに太宰府の状況が激変した。薩摩藩である。西郷隆盛である。

薩摩から届いた大砲三門

――薩摩藩は第二次の長州征伐には反対である。たとえ幕府から要請があっても、薩摩は軍隊を出さない！

薩摩はこのように態度を決していた。そのうえに立って慶応二年の正月、京都で薩長同盟が成立した。同盟をむすぶ交渉が太宰府ではじまったいきさつもあって、西郷は太宰府にたいする警戒を怠っていない。その西郷のところへ、幕府の目付の小林が太宰府へやってくるとの報知があった。

「すぐに、太宰府へ行ってくれ！」

西郷はまず黒田清綱《きよつな》に、つぎに大山綱良《つなよし》に指示を発した。黒田も大山も、この日のくるのを待っていたから、すぐに準備をととのえて太宰府に向かう。黒田と大山がととのえた準備というのは大砲三門と、選抜された七十人ばかりの屈強の兵士である。

天満大自在天神を祀《まつ》る神聖な社《やしろ》の太宰府天満宮のそばに、神社とはおよそ似合わない雰囲気の物騒な大砲が三門、どかーんと据えられた。

天満宮の関係者、太宰府の住人もおどろいたろうが、度肝《どぎも》をぬかれたのは小林だ。五卿との面会ができないのに、薩摩の黒田と大山という物騒な使者の面会要求に応じないわけにはいかないなりゆきになった。

第二次の征長軍は長州藩領を四方から包囲し、じわじわと迫っているが、まだ戦闘は開始されていない。その段階で、太宰府で薩摩軍との小競《こぜ》り合いでもおこせば、それが引金になって長州征伐戦争がはじまってしまう。小林の責任はまぬかれないところだ。

五卿の従者の代表格の土方久元《ひじかたひさもと》は小林の出現で、もうダメかと覚悟をきめていた。そこへ三門の大砲と黒田、大山の登場で命をすくわれたばかりか、勢いづいて小林の宿舎におしかけ、強引に会見した。

「あなたは三条さまなどをお連れする役目だそうだが、お渡しはせぬ。主人同様に大切にせよともうしつけられているから、幕府の命令でも朝廷のご指図でも、お渡しはいたさぬ所存。そちらの出方によっては戦争になるわけだが、よろしいか!」

小林の宿舎は温泉街の二日市だが、薩摩の兵士たちも二日市に入湯にゆき、小林の宿のまえで、

「長い刀は伊達《だて》には差さぬ。あずま男の首を斬る!」

高声でうたいあげ、小林の心胆を寒からしめた。(井上忠「明治維新前後の太宰府天満宮」)

六月七日、とうとう第二次征長戦争がはじまったが、緒戦《しょせん》から幕府軍の敗退につぐ敗退である。太宰府の小林甚六郎にたいして、五卿送致の件は中止すると指示があった。小林は任務をはたさないうちに、任務そのものが解消されてしまった。

八月十七日――大坂城では将軍家茂《いえもち》の命が消えかかっていたようだ――小林の面会要求が許可された。延寿王院の座敷に帯刀をはずした小林がすわり、うしろに五藩の周旋方がひかえる。

「みなさまが京都に復帰できるようにお世話いたしたい」

三条は、京都復帰は眼目ではないと断わったあと、「京都で処罰、幽閉されている多数の公卿の復帰につき、尽力していただきたい」と告げた。小林は「かしこまりました」とひきうけ、おちついた態度で延寿王院から去っていった。

将軍家茂が亡くなったと発表され、征長軍に「撤退せよ」との勅命がくだったのは八月二十四日である。

太宰府が倒幕戦争の基地になる

小林甚六郎が去ってから、五卿の日常はかえって緊張の度を高めた。幕府を恐れるのではなく、幕府にたいして戦闘を挑む日が近づいている。手遅れにならぬように軍備をととのえておかねばならないという認識のもとでの緊張だ。

そもそも五卿が京都から脱出してきた経過をかんがえるなら、これは当然のことであった。

——条約を破棄せよ！

——条約をむすんだ幕府に罰をあたえよ！　あくまでもこの姿勢を棄《す》てなかったから公武合体派の宮中クーデターにやぶれ、京都から脱出しなければならなかったのだ。

長州でも太宰府でも、尊皇攘夷の旗をかかげて戦うことは不可能であった。だが、幕府の監視の目がなくなったいまなら、思う存分に攘夷戦争をやれる、いや、やらなければならない。

土佐の中岡慎太郎《なかおかしんたろう》から、五卿それぞれに六連発のピストルが贈呈された。随従者のうちから選抜された一組が長崎へ出張して、洋式砲術の訓練をうけた。長州藩を通じて三十梃《ちょう》の小銃と弾丸を入手した。元込の騎馬銃も手に入れた。武器の件では土佐の坂本龍馬《さかもとりょうま》が奔走してくれた。

そういうわけで、太宰府はまるで戦争の基地になったかのようであった。

いまをさかのぼること九百六十年ばかり、菅原道真の霊魂は太宰府では祟《たた》りを発することはなく、京都にもどって恐怖の祟りの行動を開始した。

そしていま、三条実美など五卿は帰京の日を待ちかね、太宰府を戦闘の基地にしようとしている。朝廷から「官位を復旧する、帰京せよ」と指示があれば即座に帰京して幕府を倒す戦闘に参加するつもりだが、朝廷からの指示はなかなか発せられない。

慶応三年十二月八日の深夜にひらかれた朝議で、長州藩の毛利父子の罪がゆるされた。そして三条実美など五卿の官位復旧と入京が許可された。岩倉具視《いわくらともみ》などの公卿にたいする処罰も解かれ、倒幕派の公卿が一斉《いっせい》に自由を得て、一夜のうちに王政復古を実現した。

五卿が太宰府を発したのは十二月十九日である。水城《みずき》をぬけて博多から乗船、二十七日に着京し、明治天皇に拝謁《はいえつ》した。

菅原道真が太宰府で夢にまで見ながら、ついにふたたび座を得ることがかなわなかった京都の内裏《だいり》の紫宸殿《ししんでん》――それは桓武《かんむ》天皇がたてた平安京そのままの位置にあった。

三条実美など五卿がついに帰還をはたした内裏の紫宸殿は、平安京の内裏よりずっと東、東洞院《ひがしのとういん》通と土御門《つちみかど》通が交差する地点に移っていた。

参考・引用書一覧

『菅家文草』『菅家後集』『万葉集』『大鏡』『文楽浄瑠璃集』『謡曲集』——以上は『日本古典文学大系』(岩波書店)
『平家物語』『江談抄　中外抄　富家語』—以上は『新・日本古典文学大系』(岩波書店)
坂本太郎『菅原道真』、川口久雄『大江匡房』、山口宗之『真木和泉』—以上は吉川弘文館・人物叢書
『益軒全集』(国書刊行会)、『菅原伝授手習鑑』(白水社)、『五卿滞在記録』(日本史籍協会)、『菅原道真と太宰府天満宮』(太宰府天満宮御神忌千七十五年大祭菅公会)、『古代を考える　太宰府』(吉川弘文館)、『天神さまの起源』(勉誠出版)、『建保本　天神縁起』(生杉朝子)、西高辻信良『太宰府天満宮』(学生出版社)、『梅　I』(有岡利幸)、前田淑『梅花の宴』(古都太宰府を守る会)、大隈和子『太宰府　伝説の旅』(古都太宰府を守る会)、『古都太宰府——保存への道』(古都太宰府保存協会)、高野江房太郎『儒俠亀井南冥』(高野江房太郎)、『天神さまの美術』(日本放送協会)、竹内秀雄『天満宮』(吉川弘文館)
(編纂書の編者の氏名は省略しました)

一〇〇字書評

切り取り線

購買動機（新聞、雑誌名を記入するか、あるいは○をつけてください）

□（　　　　　　　　　　）の広告を見て	
□（　　　　　　　　　　）の書評を見て	
□ 知人のすすめで	□ タイトルに惹かれて
□ カバーがよかったから	□ 内容が面白そうだから
□ 好きな作家だから	□ 好きな分野の本だから

●最近、最も感銘を受けた作品名をお書きください

●あなたのお好きな作家名をお書きください

●その他、ご要望がありましたらお書きください

住所	〒				
氏名		職業		年齢	
新刊情報等のパソコンメール配信を 希望する・しない	Eメール	※携帯には配信できません			

あなたにお願い

この本の感想を、編集部までお寄せいただけたらありがたく存じます。今後の企画の参考にさせていただきます。Eメールでも結構です。

いただいた「一〇〇字書評」は、新聞・雑誌等に紹介させていただくことがあります。その場合はお礼として特製図書カードを差し上げます。

前ページの原稿用紙に書評をお書きの上、切り取り、左記までお送り下さい。宛先の住所は不要です。

なお、ご記入いただいたお名前、ご住所等は、書評紹介の事前了解、謝礼のお届けのためだけに利用し、そのほかの目的のために利用することはありません。

〒一〇一‐八七〇一
祥伝社黄金文庫編集長　栗原和子
☎〇三（三二六五）二〇八四
ohgon@shodensha.co.jp

祥伝社ホームページの「ブックレビュー」からも、書けるようになりました。

www.shodensha.co.jp/bookreview

祥伝社黄金文庫

太宰府《だざいふ》天満宮《てんまんぐう》の謎《なぞ》
菅原道真《すがわらのみちざね》はなぜ日本人《にほんじん》最初《さいしょ》の「神《かみ》」になったのか

平成14年10月20日　初版第1刷発行
令和 6 年11月20日　　　第5刷発行

著　者　高野《たかの》　澄《きよし》

発行者　辻 浩明

発行所　祥伝社《しょうでんしゃ》

〒101－8701
東京都千代田区神田神保町3－3
電話　03（3265）2084（編集）
電話　03（3265）2081（販売）
電話　03（3265）3622（製作）
www.shodensha.co.jp

印刷所　堀内印刷

製本所　ナショナル製本

Printed in Japan　© 2002, Kiyoshi Takano　ISBN978-4-396-31306-3 C0121